◎ 中国金融投资管理智库丛书

U0749736

证券市场透明度
对市场行为影响的研究

许香存 著

RESEARCH ON
THE INFLUENCE OF
TRANSPARENCY UPON MARKET BEHAVIOR
IN THE SECURITY MARKET

立足于当前全球金融市场的大变革

深入剖析证券市场微观结构理论在中国股票市场的应用

指引中国证券市场交易机制进一步完善

浙江工商大學出版社
ZHEJIANG GONGSHANG UNIVERSITY PRESS

图书在版编目（CIP）数据

证券市场透明度对市场行为影响的研究／许香存著
．— 杭州：浙江工商大学出版社，2017.9
ISBN 978-7-5178-2334-6

Ⅰ．①证… Ⅱ．①许… Ⅲ．①证券市场 – 研究 – 中国
Ⅳ．① F832.51

中国版本图书馆 CIP 数据核字（2017）第 202161 号

证券市场透明度对市场行为影响的研究

许香存　著

策划编辑	郑　建	
责任编辑	唐慧慧　谭娟娟	
封面设计	林朦朦	
责任印制	包建辉	
出版发行	浙江工商大学出版社	
	（杭州市教工路 198 号　邮政编码 310012）	
	（E-mail: zjgsupress@163.com）	
	（网址：http://www.sjgsupress.com）	
	电话：0571-88904980，88831806（传真）	
印　　刷	杭州恒力通印务有限公司	
开　　本	710mm×1000mm　1/16	
印　　张	11	
字　　数	164 千	
版 印 次	2017 年 9 月第 1 版　2017 年 9 月第 1 次印刷	
书　　号	ISBN 978-7-5178-2334-6	
定　　价	39.00 元	

前　言

　　自从德姆塞茨发现交易机制对均衡价格的形成产生影响和1987 年全球金融市场的大动荡之后，市场微观结构理论得到越来越多的专家和学者的关注，并迅速发展成为金融学的一个极其重要的分支。市场微观结构理论研究的是既定的市场交易机制下金融资产的定价过程，从而揭示资产价格形成过程中的市场微观结构特征。因为不同交易机制下市场参与者的行为策略对市场价格会产生不同的影响，反过来市场价格又会影响参与者的心理，进而影响他们的投资策略，所以如何改革和完善证券市场交易机制，降低投资者之间的信息不对称程度，成为市场参与者关注的焦点和金融理论研究的重点。

　　作为市场交易机制之一的证券市场透明度不仅直接关系到市场的公正，而且也影响到市场的流动性、波动性和有效性。虽然大多数研究认为，市场透明度是影响市场质量的一个重要环节，越来越多的证券交易所也将改革的目标定位于市场透明度，但是在透明度如何影响市场及其对市场产生影响的方向和程度问题上研究者们存在很大分歧，如何根据不同的市场环境设计最佳的透明度尚未定论。

　　近年来，受美国次贷危机的影响，全球金融市场正进入一个重新整合的大变革时代。中国作为世界金融格局中最具活力与最具成长性的新生力量也在很多方面进一步提高能力和影响力。特别是为了吸引更多的投资者参与交易，证券市场交易前透明度逐步得到提高，例如中国股市开盘集合竞价由封闭式改为开放式；在连续竞价期间，买卖盘揭示范围由 3 档改为 5 档，券商甚至看到 10 档行情；收盘价的产生方式由连续竞价改为开放式集合竞价；大宗交易的意向申报在正常交易时间对外公告等。这些交易机制的变化能否证实理论结果，现有的理论能否指引中国证券市场交易机制进一步完善，回答这些问题，即是编写本书的目的所在。

本书在深入分析交易机制的特点和交易者策略行为的基础上，研究了中国股市开盘集合竞价、连续竞价、收盘集合竞价和盘后大宗交易的交易前透明度对市场流动性、价格波动性和市场效率的影响。具体研究内容和结论如下：

首先，研究了在集合竞价的订单收集过程中，交易前透明度的提高对市场行为的影响。通过分析交易者提单行为的变化，本书在理性预期框架下构建了开放式集合竞价的均衡价格模型，并与封闭式集合竞价相比较。结果发现，开放式集合竞价对私人信息的揭示程度更大，并且具有更好的市场深度和更低的价格波动率。

其次，采用上海证券交易所的开盘数据和深圳证券交易所的收盘数据对上述理论结果进行检验。结果发现，开放式集合竞价吸引了更多的交易者参与开盘，导致开盘价的信息效率明显提高，同时开放式集合竞价有助于缓解交易者对开盘信息过度反应的现象，有利于连续竞价市场的稳定性。而在临近收盘和收盘阶段，知情交易者和价格操纵者改变了原来的交易策略，导致收盘阶段的市场流动性减少，价格波动性减小。尽管如此，收盘价格的信息效率却明显提高。

再次，实证考察了中国股票市场连续交易过程中订单簿透明度的提高对市场流动性和价格波动性的影响。我们发现，交易前透明度提高会降低交易者之间的信息不对称程度，引起逆向选择成本减少，从而吸引更多的交易者参与交易，导致市场深度增大，价格波动性减小。

最后，分析了大宗交易意向申报提前披露对价格发现效率的影响。结果发现透明度提高会释放更多的信息，吸引更多交易者在次日正常规模交易时段进行信息交易，导致波动性增大的同时，价格发现效率提高。

本书是在我的博士学位论文《中国股市开收盘集合竞价与连续竞价交易机制的比较研究》的基础上修改完成的。它是我在电子科技大学攻读博士学位期间学习和研究市场微观结构理论的一个小结。2008年，我完成了这篇学位论文。在匿名评审时，对我这篇自感并不成熟的论文，专家们表现出了最大的宽容和厚爱，给予了全"优"的评价。同时，专家们也指出了论文中存在的问题和不足。他们的意见和建议为论文的修改指明了方向，谨此表示我由衷的谢意。

为使研究内容更加完整，我于博士毕业后继续从事盘后大宗交易的交易前透明度研究。这次送交出版，除保留博士论文的主要内容外，还增加了大宗交易机制的研究内容。在这次写作和出版过程中，我的师兄李平仔细阅读了原稿，为本书提供了许多宝贵的意见，协助我完成本书。在此，向他表示最衷心的感谢！同时，感谢浙江工商大学金融学院全体老师的帮助！

本书为浙江省社科联重点研究课题（2012Z59）、浙江省人文社科重点研究基地（JYTjr20111313）资助成果之一。

目 录
Content

第 1 章

导 论

1.1 研究背景与意义

1.1.1 证券市场微观结构

在古典经济学理论中，经济学家认为价格是供需平衡的结果，与交易机制无关。例如，Radner（1979）在研究理性预期均衡（Rational Expectations Equilibrium）时指出，在任何交易机制下，市场都会达到理性预期均衡。因为在其研究中假定市场是完善的和无摩擦的，所以价格的形成和变化是由外部信息和相关噪声信息决定的，交易机制本身并不对价格行为产生影响，瓦尔拉斯拍卖市场就是这种理想的价格确定过程的一个抽象。

然而，现实的市场和瓦尔拉斯市场存在很大的差异。现实的市场不仅存在交易成本，而且信息也是不同质的。市场参与者并不只是为了促成供需平衡，还有根据市场信息使自己收益最大化的目的。例如，Demsetz（1968）在分析 NYSE 的交易成本的过程中，发现交易成本对均衡价格的形成有重要影响。由于在任何时候都存在想要立即成交的交易者和耐心的等待者，如果供需不平衡（例如，想要立即成交的买方大于卖方），那么不能成交的交易者可能需要做出价格让步，即付出即时性交易成本。所以，市场同时存在两种均衡价格：立即成交的均衡价格和观望的均衡价格。因此，交易机制对均衡价格的形成产生一定的影响。在此基础上，市场微观结构理论也就诞生了。

市场微观结构理论（Market Microstructure）也被称为市场微观结构经济学，是金融经济学中一个极其重要的分支。近年来，国外经济学家从研究的对象和内容两个方面对其进行定义。例如：O'Hara（1995）把市场微观结构理论定义为对在特定规则下交换资产的过程与结果的研究；Stoll（2002）指出，市场微观结构理论是对提供交易服务的成本以及这种成本对证券价格短期行为影响的研究；Engel & Russell（2005）认为，市场微观结构理论主要研究价格如何根据新信息进行调整，以及交易机制如何影响资产价格；Lipson（2003）认为，市场微观结构理论是研究金融市场的组织和功能的一门学科。问题主要集中在所有权的转移和价格发现上，前者强调交易成本，后者强调私有信息融合进价格的过程。综合以上观点，市场微观结构理论是研究价格的形成、发现过程与交易运作机制的一个金融学分支。

从上述定义可以看出，市场微观结构理论研究的主要内容包括两类：一是关于市场价格的形成与发现方面的问题，包括交易成本的确定与交易价格对信息的即时调整过程，主要研究交易者的潜在需求是如何转化为成交价格和成交量；二是关于市场结构与设计方面的问题，主要研究不同的市场结构和交易机制（是指与价格形成有关的交易方面的微观因素，如市场参与者、交易场所的形式和市场的交易模式等）对市场质量和价格的影响。

其中，证券市场存在集合竞价、连续竞价、做市商市场三种基本的价格形成方式。在集合竞价市场（Call Auction Market），所有交易订单不是在收到之后立刻予以竞价撮合，而是由交易中心将在不同时点收到的订单积累起来，到一定的时刻再进行集中撮合成交。在连续竞价市场（Continous Auction Market），交易者可以在任意时点提交订单或接受其他交易者的订单。在订单进入系统后，交易所通常按照价格优先、时间优先的原则对其进行撮合，产生成交价。做市商市场（Dealer Market）又被称为报价驱动系统，即做市商不断向交易者报出某些特定证券的买卖价格，投资者可以在做市商所报出的价位上向做市商买进或卖出。

大多数证券市场并不仅仅只采取上述三种交易机制中的一种形式，而是采取这三种形式的不同程度的混合模式。如纽约证券交易所采取了辅之以专家制度的竞价机制，伦敦证券交易所部分股票有做市商交易，另一部分股票则采用电子竞价交易。在亚洲的新兴证券市场，普遍采用的是指令驱动电子竞价方式，通常开盘时先由集合竞价方式决定开盘价，然后采取连续竞价方式进行交易。有些市场采取集合竞价方式产生收盘价，另一些市场则采取连续竞价方式产生收盘价。

另外，为避免大单委托影响普通交易市场价格的稳定性及连续性，国际主要证券市场在大宗交易的交易方式、价格确定、信息披露等方面采取了特殊的制度安排，建立了专门的大宗交易机制。例如，纽约证券交易所推出的做市商机制的楼上市场，我国证交所推出的协商议价的大宗交易平台。

1.1.2 证券市场透明度

透明度是保证证券市场公开、公平、公正的基本要求。国际证监会组织（IOSCO）在1998年的《证券监管的目标与原则》中指出："监管应该提高交易的透明度。"国际证券交易所联盟（FIBV）在1998年的《市场原则》中也明确指出："市场的透明是公平的至关重要的因素，必须随时得到保障。"

证券市场的透明度包括广义和狭义两个方面。狭义的透明度是指证券交易信息的透明，而广义的透明度不仅包括交易信息的透明，还包括上市公司信息即时和准确的披露[①]。概括地讲，一个高度透明的市场是指信息能够及时、全面、准确并同时传送到所有投资者的市场。

在市场微观结构理论中，透明度主要是指狭义的透明度，即交易者在交易过程中观测交易信息的能力（O'Hara，1995）。根据交易信息披露时间的不同，狭义的市场透明度又分为交易前透明度（Pre-trade Transparency）、交易后透明度（Post-trade Transparency）和交易者身份透明度或匿名性（Anonymity）3 个层面（Wells，2000）。交易前透明度是指在交易执行以前公布在市场上买卖指令的价格与数量的情况等信息。交易后透明度是指成交后交易情况的公布，包括成交的价格和数量等信息。交易者身份透明度是指在交易前后是否公开交易者的身份。在证券市场中，交易前透明度主要体现在 3 个方面：一是开盘集合竞价阶段的交易前透明度，例如是否采用开放式集合竞价交易机制；二是连续交易阶段的限价指令薄（limit-order-book）透明度，例如电子指令薄实时披露的买卖盘情况；三是盘后大宗交易的交易前透明度，例如意向申报在成交确认前是否对外公告。

事实上，由于市场模式、投资者结构和技术限制等方面的差异，不同的证券市场有着不同的最佳透明度安排。根据国际交易所联合会（WFE，2001）的调查结果，目前全球主要证券市场的信息披露已较为趋同，在交易前透明度方面，大多数交易所均披露如下信息：① 成交量、最佳买卖价量或最佳 3 档或 5 档买卖价量信息；② 券商可以看到整个限价订单薄信息，但无法看到交易对手的身份；③ 大宗交易成交前的信息不透明。近年来，随着机构投资者对市场流动性需求的增加，证券市场逐渐提高了委托信息的披露程度，以期最大限度地吸引投资者增加市场流动性。但是不同交易机制下信息披露程度不同，如表 1-1 所示。由表 1-1 可以看出，连续交易阶段交易前透明度较高，楼上市场交易前透明度较低。并且现有研究表明，连续交易和集合竞价市场的交易前透明度有上升的趋势。而随着暗池交易系统的引入，楼上市场交易前透明度有下降的趋势。这是因为在证券交易所开盘前如果不披露任何信息（例如中国台湾、上海和深圳证

---

① 研究上市公司信息透明度的部分中文文献有：陶世隆（2002），吴晓求、许荣、解志国等（2004）。

券交易所（2006 年 7 月 1 日之前）），一旦开盘价涨跌幅增大，交易者将承担较大的风险，导致交易者参与开盘的积极性较低，开盘价的代表性较差。于是，为了吸引交易者参与交易，增加市场流动性，大部分交易所都披露指示性出清价格、买卖盘信息等。2006 年 7 月 1 日，我国主板市场将开盘竞价由封闭式集合竞价改为开放式集合竞价。在连续交易阶段，买卖盘揭示范围的扩大使得报价信息进一步透明化，客观上有利于形成一个公平的交易环境，也有利于投资者更直观地判断市场交易动向，从而刺激交易，活跃市场。为了促进市场公平和提高效率，中国股票市场在 2003 年 12 月 8 日将买卖盘揭示范围扩大，从提供实时最高 3 个价位买入申报价和数量、实时最低 3 个价位卖出申报价和数量调整为提供实时最高 5 个价位买入申报价和数量、实时最低 5 个价位卖出申报价和数量。紧接着，上海证券交易所和深圳证券交易所分别于 2006 年 11 月 1 日和 2009 年 12 月 15 日开始向券商提供 10 档行情数据。在楼上市场参与交易的大多是机构投资者，相对个人投资者，机构投资者具有信息优势，更愿意到不透明的市场进行交易。与国外成熟市场不同，我国证券市场于 2006 年 7 月 1 日延长了大宗交易时间，意向申报在正常交易时间对外公告。

表 1-1　全球各交易所不同交易机制下信息揭示程度概述

交易所	开盘揭示内容	连续揭示内容	楼上揭示内容
纽约	理论价格和买卖不平衡	全部汇总	不公开订单信息
纳斯达克	理论价格、成交量和买卖不平衡	最佳 5 档	不披露定单信息
东京	理论价格、买卖不平衡和四档深度	最佳 5 档 / 全部	实时披露委托
泛欧	理论价格	全部 / 最佳 5 档	委托"隐形化"
韩国	理论价格、成交量和 3 档深度	最佳 10 档	不披露定单信息
伦敦	理论价格和全部订单	全部	延迟报告
中国台湾	不披露任何信息	最佳 5 档	实时披露行情
中国上海	理论价格、数量和未匹配量	最佳 5 档 /10 档	披露委托单

全球证券市场在提高市场透明度方面所做的各种努力，目的都在于吸引更多的投资者，增加市场流动性，减小市场波动性，提高价格发现效

率。理论研究一般认为，在缺乏透明度的情况下，买卖订单容易出现"一边倒"的不平衡情况，且交易者也无法根据市场信息情况调整自己的报价和数量，因而交易不能十分有效地反映各方面的交易需求，市场流动性较差。交易前信息是增强投资者以合适价格成交的信心的中心环节，而反过来投资者的信心又将使投资者更多地参与市场，因而有助于增加市场的流动性，产生更具竞争性的价格（刘逖，2012）。但是，即时披露对知情交易者（拥有关于证券未来价值的私人信息的交易者）不利，特别是在开盘之前没有真正交易发生的情况下，知情交易者害怕私人信息泄露，参与开盘交易的积极性不高。另外，透明度提高后，交易者可以从其他交易者行为中收集信息，即时调整报价行为，而不是为了收集信息推迟交易。这些都表明透明度对交易者的参与行为和报价行为都会产生一定程度的影响，进而影响到市场行为，但它对市场行为所造成的影响究竟是正面还是负面的呢？美国证监会（SEC，1994）和英国公平交易办公室（OFT，1994）都认为提高交易前透明度有助于增加市场流动性；而美国证券投资部（SBA，1994）明确反对提高交易前透明度，以避免由此带来的市场质量变差。在学术界，大多数学者就透明度对市场行为的影响问题也存在很大的意见分歧。

我们认为产生分歧的原因主要在于市场模式和投资者结构的差异。就中国证券市场而言，交易前透明度的变化究竟怎样影响投资者的交易策略和交易行为？透明度的提高是否会显著影响中国股票市场的流动性、价格发现效率以及投资者的福利？什么样的交易前透明度安排最适合新兴的中国证券市场？显然，对这些问题的研究既有重要的理论价值，同时也具有重要的现实意义。本书将结合中国股票市场发展的实际情况，从市场微观结构理论的视角，深入研究开盘集合竞价、连续竞价和大宗交易的交易前透明度问题。可以预期，本项目的研究成果不仅可以丰富和完善市场微观结构理论和现代资本市场理论，而且可以为证券市场（包括股票市场、债券市场、衍生品市场）交易机制的设计和监管、投资者的交易策略等提供重要的参考依据。

1.2 研究问题界定

1987 年爆发的股市崩盘所暴露出来的市场的脆弱性，引起了人们对市场交易机制的研究兴趣。特别是新兴市场的不断涌现，为检验和完善市场交易机制提供了新的机遇。尽管如此，大部分研究仍集中于有做市商的交易机制。对于集合竞价的研究，特别是开放式集合竞价过程中系统披露的信息对价格影响的理论研究还非常有限，而中国股票市场开、收盘制度的改革恰好为检验这一理论提供了实际证据。同样地，在连续竞价阶段，透明度提高对市场行为的影响还没有得到一致结论。因此，在市场微观结构的基础上，本书主要围绕以下几个问题展开研究。

第一，在封闭式集合竞价过程中系统不披露任何信息，知情交易者和价格操纵者都可以隐藏其交易动机，而不知情交易者不知道任何私人信息，无法合理判断证券的真实价值。集合竞价由封闭式改为开放式之后，交易前透明度大大提高。这不仅使得知情交易者的信息容易被泄漏、操纵者的交易行为容易被观察，而且不知情交易者可以从观察到的市场信息中推断知情交易者所掌握的私人信息，对证券的真实价值做出合理的判断，进而增强参与交易的信心。在这种情况下，知情交易者和不知情交易者的交易行为会发生怎样的变化？对价格形成、市场流动性和价格波动性又会产生什么样的影响？

第二，在中国股票市场，开盘竞价方式相对比较简单，在集合竞价过程中不披露任何信息，使得大部分交易者只能观望或者"跟庄"，导致开盘阶段交易者很少参与或者开盘阶段的价格波动性非常大。在收盘阶段，采用最后一分钟交易量的加权平均数产生收盘价，使得收盘价格容易被操纵，价格波动性也非常大。为了减小价格波动性，提高开、收盘价格的信息效率，从 2006 年 7 月 1 日起，沪深市场的开盘和深市的收盘开始采用开放式集合竞价。由于不同的交易机制对交易者的行为产生不同的影响（如集合竞价的交易成本低，大的机构投资者更愿意参与集合竞价），开、收盘交易机制改变后交易者的策略行为发生了什么样的变化？这种改革有没有达到预期的目的？显然，这些问题需要进行实证检验。

第三，连续交易市场的交易前透明度主要是指限价指令薄的透明度。在早期的交易前透明度安排方面，交易商市场只揭示做市商的买卖报价，不披露限价指令薄；连续竞价市场只揭示限价指令薄中的最优买卖报价，即1档行情①。最近几年，许多证券市场不断提高连续交易阶段的交易前透明度，引起了专家和学者的广泛关注。但是，现有研究主要以交易商市场和成熟的市场为对象，研究透明度的变化与相关市场特征的关系，很少有对类似于中国股票市场这样的新兴的不存在做市商的连续双向拍卖市场的研究，很少直接检验透明度与不同类型交易者行为之间的关系②。因此，本书将结合中国证券市场的实践，分析参与连续竞价的交易者结构，检验连续竞价阶段的透明度对他们的交易行为会产生哪些影响？披露最佳5档的信息是否最优？进一步，采用level2数据检验透明度提高对机构投资者交易策略的影响，进而分析透明度提高后市场微观特征的变化。

第四，为了增加大宗交易市场的流动性，全球主要证券市场逐渐引入了配对撮合网（Crossing Network）和暗池交易（Dark Pool Trading），并且在欧美等国家得到快速发展。尽管这种新的大宗交易平台能够满足机构投资者匿名性的需求，但是伤害了公众公平获取信息的权利，导致成交价格效率降低。于是，近年来，包括美国证券交易委员会（SEC）在内的各国证券监管部门把提高大宗交易的交易前透明度问题重新提上议事日程③。根据市场微观结构理论，提高交易前透明度有利于打通证券经纪机构之间的需求信息隔阂，吸引更多潜在的交易对手前来议价，增加市场流动性和提高价格发现效率。但同时，这种做法违背了机构投资者匿名交易的意愿，影响其执行成本。因此，在特定的市场背景下，如何兼顾流动性和价格发现效率，对于发展大宗交易市场至关重要。2006年7月1日，我国延长了大宗交易时间，在正常交易时间意向申报对外公告，成交申报在盘后进行，这意味着大宗交易的交易前透明度明显提高。在以散户为主

---

① 瑞士交易所（SWX）目前仍然只披露1档行情。

② 目前已有少量实证研究开始关注连续市场的交易前透明和投资者行为关系。例如，Boehmer, Saar & Yu（2005）检验了透明度变化前后投资者的指令规模（Order Size）和撤单率（Cancellation Rate）情况；Ma, Lin & Chen（2005）检验了透明度变化与指令积极性（Order Aggressiveness）之间的关系。

③ 2009年10月，SEC就暗池交易提出新规定：交易前，要求公示买入和卖出的"意向"。

的中国证券市场，交易前透明度对机构投资者的交易行为会产生什么影响？大宗交易的信息效率有没有提高？

1.3 研究思路及内容

证券市场如何选择合适的交易前透明度一直是研究者讨论的热点问题之一。而解决这一问题的关键是准确衡量透明度对交易成本、交易行为、市场特征和价格发现等方面的影响。因此，本书从市场微观结构理论入手，把理性预期理论和贝叶斯更新方法引入价格形成的模型中，研究不同透明度下的价格发现过程。在此基础上，结合中国证券市场改革的实践，将证券市场交易前透明度区分为集合竞价透明度、连续竞价透明度和大宗交易透明度，通过分析它们对我国证券市场不同时段、不同类型投资者交易行为的影响，研究我国市场特征随透明度的变化情况。

基于以上分析思路，本书主要围绕开、收盘集合竞价透明度的提高，连续阶段买卖盘揭示范围的扩大（由3档变5档，由5档变10档）和盘后大宗交易交易前透明度的提高对市场产生的影响进行研究，具体内容包括以下八个方面。

第1章概括介绍了市场微观结构理论与信息披露形式，并在此基础上界定了本书的研究问题。

第2章是对制度背景和文献进行回顾。首先，分析了我国证券市场的微观结构，包括价格形成机制、交易者结构和沪深交易所透明度改革的背景、特点和具体内容。其次，对现有研究文献进行回顾和评述，基于市场微观结构理论，从集合竞价透明度、连续竞价透明度和大宗交易透明度3个方面回顾和评述了有关的理论研究、实验研究和实证研究。

第3章是关于集合竞价以及透明度的研究。首先，在理性预期框架下分析透明度在集合竞价过程中的作用，通过分析知情交易者和不知情交易者的策略行为，构建开放式集合竞价的均衡价格模型。其次，采用数字模拟的方法，从私人信息的揭示程度、市场深度和波动性等方面，研究了透明度对集合竞价的影响。

第4章是关于开盘集合竞价透明度提高对市场流动性和波动性影响的实证检验。首先，检验交易者参与开盘的积极性是否发生了改变，接着通过考察开盘后短时间内市场流动性的变化来判断被吸引参与开盘的交易者的来源。其次，考察从开盘到连续竞价价格的变化幅度，以及开盘后短时间内价格波动性的变化以判断透明度提高是吸引了知情交易者还是噪声交易者。

第5章研究收盘集合竞价透明度提高对市场流动性和波动性的影响。首先，分析了中小企业板收盘竞价由封闭式改为开放式对邻近收盘和收盘阶段的市场流动性、价格波动性产生的影响。其次，结合中国市场机构投资者在收盘阶段的交易行为，研究了收盘价格的发现效率。

第6章分析连续竞价阶段买卖盘揭示范围扩大对市场流动性和波动性的影响。首先，检验了订单簿透明度提高后买卖价差和市场深度的变化，以该实证结果为基础，并结合市场微观结构理论，推断出中国股票市场上交易者的构成。并且根据交易者的构成分析了价格波动性随透明度的变化情况。其次，根据level-2数据进一步检验透明度对机构投资者交易行为的影响，分析透明度继续后市场特征的变动情况。

第7章分析大宗交易交易前透明度对价格发现效率的影响。首先，分析信息披露对当日市场流动性、价格波动性的影响。其次，分析次日交易对大宗交易成交信息学习的速度以及价格发现效率随透明度的变化。

第8章是全书总结，包括研究结论、相关研究启示和进一步研究的方向和展望。

1.4 贡献与创新

本书主要的创新和特色在于，密切结合中国股票市场在集合竞价、连续竞价和大宗交易的交易前透明度方面的改革，从理论和实证两方面研究这些交易机制的变化对市场流动性、价格波动性、价格操纵和市场效率方面的影响，具体体现在以下几个方面。

第一，在理性预期框架下，本书研究了交易前透明度在集合竞价过程中的作用，比较了开放式与封闭式集合竞价在市场流动性、价格波动性等方面的差异。研究结果表明，与封闭式集合竞价相比，开放式集合竞价对私人信息的揭示程度更大，并且具有更好的市场深度和更低的价格波动率，但两种机制之间的差异会随着知情交易者比例的增大而减少。

第二，根据对开放式集合竞价研究的理论预示，本书采用上海证券交易所的开盘数据、深圳中小企业板的收盘数据对中国股票市场集合竞价交易机制改革的效果进行了实证检验。研究结果表明，开放式集合竞价吸引了更多的交易者参与，导致价格的波动性减小，信息效率提高。

第三，在连续竞价阶段订单簿透明度增加对市场产生的影响问题上，现有的研究结论还很不一致。本书就中国股票市场买卖盘揭示范围由 3 档变 5 档产生的市场影响进行了检验。检验结果发现，订单簿透明度提高后，市场流动性增加（买卖价差减少、市场深度增加），波动性减小。此外，我们还发现，进一步扩大买卖揭示范围并不会给市场深度带来明显的影响。

第四，在大宗交易市场交易前透明度的研究上面，现有研究主要集中在纽交所、伦交所等世界上几个成熟的证券市场，对中国证券市场大宗交易的研究比较缺乏。针对沪深两市大宗交易的现有研究也多集中于大宗交易制度的介绍、大宗交易的运行状况等，并未关注大宗交易的价格发现功能等内容。本书采用信息份额模型研究大宗交易对价格发现的贡献，结果发现该贡献不佳，随后检验了透明度增加后大宗交易对次日价格效率的影响。结果显示，大宗交易包含的信息增加，次日开盘后短期内价格效率提高。

————————— 第 2 章 —————————
制度背景和文献回顾

　　随着社会竞价的发展，政府和企业对外融资的需求增加，债券和股票应运而生，从而产生相应的流通机制——证券交易机制（Security Trading Mechanism）。证券交易机制是指有组织的证券交易场所为履行其基本职能而制定的与证券交易有关的交易规则和保证规则实施的技术，以及规则和技术对定价机制的影响，是市场微观结构理论的核心内容。它的重要功能之一是使潜在的投资者需求转化为实际交易，发现市场出清价格。

　　随着经济和技术的迅速发展，金融产品不断创新，金融市场的交易量大规模膨胀，为适应这些变化，证券市场的内在运作机制也出现了一些新的变化，例如证券交易自动化，订单形式多样化，为满足不同交易需求出现了多层次资本市场，等等。其中，证券市场透明度的变化成为投资者、交易所和证券监管当局关心的重要议题之一。

　　结合本书研究的目的和我国市场透明度改革的实践，本章主要介绍中国证券市场微观结构，针对微观结构理论和透明度的相关研究进行回顾和评述 ①。

2.1 中国证券市场交易机制

目前，中国大陆共有上海和深圳两家证券交易所，分别于 1990 年 11 月 20 日和 1991 年 7 月 3 日正式成立。经过二十多年的发展，这两个交易所的交易系统逐步趋于完善。首先，上海、深圳证券交易所依靠现代发达的科学技术，建立了具有世界领先水平的、全自动的电脑交易系统，该交易系统主要由撮合主机、通讯网络和柜台终端三部分组成。其次，为证券商提供的交易席位逐渐从有形席位向无形席位转变。无形席位采用的主要通讯方式是技术水平较高、速率较快、安全性和可靠性较好的双向卫星，较适合我国幅员辽阔、投资者分散的特点。最后，采用分散报盘的方式申报订单，即各营业部直接将投资者的买卖订单通过地面专线或卫星系统送达交易所的撮合系统。

根据沪深交易所的交易细则，中国证券市场的交易结构可以概括为以下几个方面。

2.1.1 交易时间

上海和深圳证券交易所的交易时间均为每周一至周五。国家法定节假日和证券交易所公告的休市日除外。每个交易日 9∶15 至 9∶30 为集合竞价阶段，产生开盘价。9∶30 至 11∶30 为连续竞价阶段，又被称为前市，11∶30 至 13∶00 为中午休市阶段。对于深圳证券交易所而言，13∶00 至 14∶57 为连续竞价阶段，又被称为后市。14∶57 至 15∶00 为收盘集合竞价阶段，产生收盘价。对于上海证券交易所而言，13∶00 至 15∶00 为连续竞价阶段。同时，上述时间也是大宗意向申报的受理时间。另外，

---

① 本章关于证券市场交易机制的基本内容主要参考了 O'Hara（1995）、刘逖（2002）、曾勇（2008）等人的专著。

15：00 至 15：30 为大宗交易的意向申报和成交申报的受理时间。暂停上市的股票于每周五（法定节假日除外）开市时间由投资者通过会员提出转让申报，于当日闭市后对当日所有申报按集合竞价撮合成交。

2.1.2 委托单申报

我国证券交易规则规定，证券交易所可以接受会员的限价或市价委托。订单的申报数量应当为 100 股或其整数倍，单笔申报最大数量应当低于 100 万股。对于有价格涨跌幅限制的证券，在价格涨跌幅限制以内的申报为有效申报，否则为无效申报。对于无价格涨跌幅限制的证券，上海证券交易所规定：在集合竞价时，申报价格不高于前收盘价格的200%，并且不低于前收盘价格的50%；在连续竞价时，符合下列条件的申报为有效申报。

第一，申报价格不高于即时揭示的最低卖出价格的110% 且不低于即时揭示的最高买入价格的90%，同时不高于上述最高申报价与最低申报价平均数的130% 且不低于该平均数的70%。

第二，即时揭示中无买入申报价格的，即时揭示的最低卖出价格、最新成交价格中较低者被视为前项最高买入价格。

第三，即时揭示中无卖出申报价格的，即时揭示的最高买入价格、最新成交价格中较高者被视为前项最低卖出价格。当日无交易的，前收盘价格被视为最新成交价格。在深圳证券交易所，如果申报价格超过有效竞价范围，则不能即时参加竞价，暂存于交易主机。只有当成交价格波动使其进入有效竞价范围时，交易主机自动取出申报，才能参加竞价。

实践经验证明，在只有限价订单的情况下，交易者提交订单的策略受到限制。限价订单虽然可给交易者较好的价格保护，但是面临着执行风险和逆向选择风险。在我国证券市场，订单的执行风险是非常大的。例如，交易者通过观察当前的成交价后提交一个限价订单，很可能订单到达交易所的撮合系统时，市场行情已经发生了变化，从而导致该订单难以成交。此时，渴望成交的交易者不得不先撤单，然后重新下单。何杰（2001）的研究表明，在市场波动比较大的情况下，撤单量甚至可占到总订单量的

40%~50%。从国际证券市场的经验看，不同形式的订单为投资者提供了多样化的投资策略选择。从 2006 年 7 月 1 日起，我国证券交易所开始接受会员的市价申报（仅适用于有价格涨跌幅限制的证券在连续竞价期间的交易，另有规定的除外），并采用以下方式成交。

第四，最优 5 档即时成交剩余撤销申报，即该申报在对手方实时最优 5 格价位内以对手方价格为成交价逐次成交，剩余未成交部分自动撤销。

第五，最优 5 档即时成交剩余转限价申报，即该申报在对手方实时 5 档最优价位内以对手方价格为成交价逐次成交，剩余未成交部分按本方最新成交价转为限价申报。如该申报无成交的，按本方最优报价转为限价申报。如无本方申报的，该申报撤销。

另外，大宗交易的申报包括意向申报和成交申报两种方式。其中，意向申报包括证券帐号、证券代码、买卖方向、本方席位代码等，是否明确交易价格和交易数量由申报方自行决定；成交申报包括证券帐号、证券代码、买卖方向、交易价格、交易数量、本方和对手方席位代码等。

2.1.3 价格形成机制

在价格形成机制方面，沪深证券交易所在开盘、连续交易和盘后均采取了不同的交易方式。其中，开盘价格由集合竞价方式确定；连续交易阶段采用连续竞价方式；在收盘价格确定方面，深圳证券交易所对最后 3 分钟（14:57 至 15:00）的限价订单采用开放式集合竞价方式，上海证券交易所采用最后一笔交易前 1 分钟所有交易的成交量加权平均价格为收盘价；盘后大宗交易采用协商议价的方式确定成交价。

（1）我国证券市场集合竞价的价格形成方式

在 2006 年 7 月 1 日之前，上海、深圳证券交易所都采用封闭式集合竞价进行开盘。在每个交易日的 9:15 至 9:25，交易主机接受交易申报和撤单申报。并且，系统在此期间不披露任何信息。9:25 至 9:30，系统不接受订单，按照以下原则将收集的订单撮合产生开盘价。

原则 1　可实现最大成交量的价格。

原则 2　高于成交价的买入申报和低于成交价的卖出申报全部成交。

原则 3　与成交价格相同的买方或卖方至少有一方全部成交。

若两个以上申报价格符合上述条件的，上海证券交易所取中间价为成交价，深圳交易所取距前收盘价最近的价位为成交价，所有交易以同一价格成交，未成交的买卖申报自动进入连续竞价阶段。

（2）我国证券市场连续竞价的价格形成方式

从 9:30 开始，电脑主机对接受的订单进行逐笔撮合。首先，电脑交易系统对收集到的订单按照"价格优先，时间优先"原则排序。其次，按照下列方式产生成交价。

① 最高买入申报和最低卖出申报价格相同时，以该价格为成交价。

② 买入申报价格高于即时揭示的最低卖出申报价格时，以即时揭示的最低卖出申报价格为成交价格。

③ 卖出申报价格低于即时揭示的最高买入申报价格时，以即时揭示的最高买入申报价格为成交价格。

（3）我国大宗交易的价格形成方式

有价格涨跌幅限制证券的大宗交易成交价格，由买卖双方在该证券当日涨跌幅价格限制范围内确定。无价格涨跌幅限制证券的大宗交易价格，由买卖双方在前收盘价的上下 30％ 或当日已成交的最高、最低价之间自行协商确定。买卖双方达成协议后，向交易所主机提出成交申报，成交申报的交易价格和数量必须一致。

2.1.4 交易者结构

投资者结构是决定资本市场成熟、有效完善的重要标志。在国外成熟的证券市场上，机构投资者普遍占据主导地位，机构投资者具有实力雄厚、组合投资、专家理财、投资理念成熟、抗风险能力强等特征，加上市场信息披露机制和监管手段较为完善，机构投资者就能起到稳定市场的作用。在我国证券市场，机构投资者包括一般机构、证券公司、证券投资基金、全国社保基金和合格的境外投资者（QFII）。与机构投资者相比，个人投资者在资金、信息、技巧等方面都处于弱势地位。如表 2-1 所示，我国证券市场恰恰是以中小投资者为主体的"散户"市场。2008 年年底，深圳证交所 100 万元以下中小投资者的持股比例和交易占比分别为 42% 和 70%。根据深交所金融创新实验室对深圳证交所的相关研究，投资者结构和行为显示出值得关注的特征：一是大量投资者经验不足，30% 以上的个人投资者是开户时间不到 2 年的中小投资者。二是中小投资者投机性交易行为明显，偏向持有和交易小盘股、低价股、绩差股、高市盈率股和 ST 股票；个人投资者交易频繁，2008 年资金周转率高达 468%，是机构的 4.6 倍。三是中小"散户"是股票上市首日买入的主体，但绝大部分亏损，中小投资者首日买入股数占比为 56%，而且 71% 的买入投资者是第一次参与上市首日交易，交易经验不足；20 个交易日后，上市首日买入的投资者亏损账户比例过半，其中炒作最为严重的 22 只股票亏损比例更大，最高达 99%。

表 2-1　2004—2011 年 A 股投资者构成（单位：万户）

年 份	沪 市		深 市	
	个 人	机 构	个 人	机 构
2004	85.36	0.73	81.30	0.53
2005	43.81	0.53	41.11	0.33
2006	150.51	1.37	155.01	1.46
2007	1 867.36	5.88	1 880.64	5.60
2008	719.53	2.57	705.61	2.54
2009	856.22	3.35	863.76	3.24
2010	743.86	2.55	740.99	2.37
2011	547.23	2.18	525.75	1.87

注：数据来自《中国证券登记结算统计年鉴 2011》

2.1.5 交易前信息披露制度

（1）集合竞价透明度

刘逖和攀登（2002）的研究发现，我国股票市场开盘竞价的透明度太低，导致交易者参与开盘的积极性不高，庄家操纵开盘价的现象比较严重，建议将集合竞价由封闭式改为开放式，吸引更多的交易者参与交易。在 2006 年 7 月 1 日，我国股票市场开盘竞价方式做了如下调整。

①9:15 至 9:20，交易主机接受交易申报和撤单申报，并将即时显示虚拟成交价、虚拟成交量和虚拟未匹配量等信息（虚拟成交价格和数量是指假如系统在此刻进行撮合时的理论成交价格和成交量），但不进行撮合。

②9:20 至 9:25，交易主机只接受交易申报，不接受撤单申报，也即时揭示虚拟成交信息。

③9:25 至 9:30 为冷却期，系统不接收订单，将收集到的所有订单按照和封闭式集合竞价一样的成交原则撮合产生开盘价。所有能够成交的订单按照该价格成交，不能成交的订单自动进入连续竞价阶段。

开放式集合竞价的交易规则如图 2-1 所示。在开放式集合竞价期间的即时行情包括证券代码、证券简称、集合竞价参考价格、虚拟匹配量和虚拟未配量。

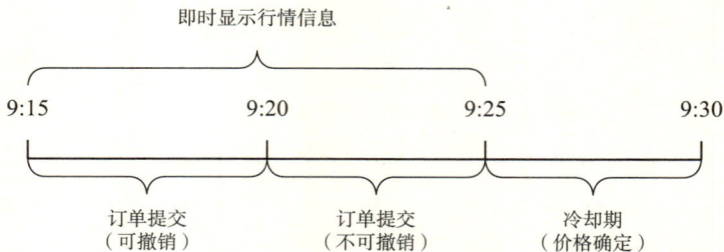

图 2-1 开放式集合竞价交易规则示意图

（2）连续竞价透明度

因为限价订单簿是连续竞价机制在金融市场中得以实现和运作的载体，用于储存交易者所提交的订单，为市场提供流动性，所以这种交易方式又被称为连续双向拍卖机制（刘波，2007）。2003 年 12 月 8 日，我国证券交易所将连续竞价期间即时行情揭示的内容做了调整，由即时揭示最优 3 个价位的申报价格和数量调整为即时揭示最优 5 个价位的申报价格和数量。除此之外，连续竞价期间系统揭示的行情内容还包括证券代码、证券简称、前收盘价格、最新成交价格、当日最高成交价格、当日最低成交价格、当日累计成交数量和当日累计成交金额。对于首次上市的证券，上市首日即时行情显示的前收盘价格为其发行价，另有规定的除外。为进一步满足不同类型投资者对证券行情内容和传输差异化的需求，上海和深圳证券交易所分别于 2006 年 11 月 1 日和 2009 年 12 月 15 日推出了商业版 level-2 行情。level-2 行情包括 10 档行情、买卖队列、主笔成交、委托总量和加权价格等多种新式数据。

（3）大宗交易透明度

随着我国证券市场的迅速发展，市场规模的不断扩大，投资者结构的显著变化，2003 年我国证券交易所规定在每个交易日的 15:00 至 15:30 采用盘后交易的方式进行大宗交易。由于许多投资者认为大宗交易市场是"批发市场"，他们宁愿把大额订单拆成若干份小额订单在正常场内市场上交易，也不愿意在大宗交易市场上交易，所以大宗交易市场不活跃。2006 年 7 月 1 日，为了提高大宗交易的便利性和吸引更多的机构投资者参与交易，沪深交易所延长了大宗交易的时间，接受大宗交易申报的时间为每个交易日的 9:15 至 11:30、13:00 至 15:30，成交确认时间为每个交易日的 13:00 至 15:30，如图 2-2 所示。

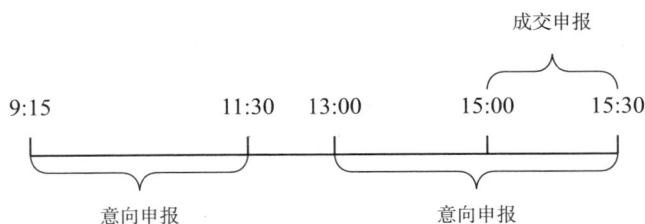

图 2-2　中国证券市场大宗交易申报示意图

通过对我国证券市场微观结构的分析，可知我国证券市场交易前透明度的变化主要包含 3 个方面：集合竞价透明度、连续竞价透明度和大宗交易透明度。因此，下面的文献回顾和综述将在介绍市场微观结构理论的基础上围绕这 3 个方面分别展开。

2.2 文献回顾

2.2.1 价格形成理论

Demsetz（1968）对交易成本的研究改变了经济学家的传统观点，使得对价格形成的研究集中在市场的微观基础上。特别是 1987 年爆发的股市崩盘引起了越来越多的专家和学者对金融市场微观结构理论的研究兴趣，并在 20 世纪 90 年代逐渐形成了一个较完整的理论框架和体系。

（1）存货模型

存货模型也被称为完全信息模型，它把交易过程视为做市商根据订单流的情况，通过调整价格来平衡不同时点的供给和需求进行匹配订单的过程。代表模型有 Garman 模型、Stoll 单期和多期模型和 Cohen-Maier-Schwartz-Whitcomb（CMSW）竞争性市场模型等。

① Garman 模型

Garman（1976）在假定总的订单流服从泊松过程的基础上，研究了做市商的定价问题，结果表明价差是做市商实现收益最大化的必要条件，做市商制度决定了证券市场的价格行为。Amihud & Mendelson（1980）通过考虑存货头寸对做市商报价的影响，对 Garman 模型进行了丰富和完善。研究发现，做市商往往偏好某一存货头寸水平，并且做市商的报价随着存货头寸的增多而降低。

② Stoll 单期和多期模型

Stoll（1978）在假定做市商厌恶风险的情况下，通过求解做市商的最优决策问题，得到做市商的存货头寸只影响设定的买卖价格的高低，不影响价差大小的结论。Ho & Stoll（1981），O'Hara & Oldfield（1986）建立了多阶段的做市商定价模型，研究发现做市商的风险偏好在界定价差大小上有着重要的作用。

③ CMSW 竞争性市场模型

Cohen, Maier, Schwartz, et al.（1981）的研究发现，多个做市商竞争的结果会使价差缩小，但不会使价差趋于零。同时，一个做市商对其他做市商的成本和交易行为的预期也会影响该做市商的报价和价差。

（2）信息模型

信息模型将交易过程看作交易者之间非对称信息的一种博弈，基于贝叶斯更新理论探讨价格包含信息的过程。因此，市场微观结构研究的重点就从做市商的存货成本转移到做市商如何从交易中获得信息，这些信息又如何对做市商后来的报价、价差产生影响。基于此，信息模型的发展经历了几个关键性的阶段。

第一阶段，Bagehot（1971）首次采用信息成本解释价差。他认为，做市商的报价不仅受存货和交易成本的影响，更重要的是受信息不对称的影响。因为市场上存在知情交易者和不知情交易者，做市商有提供市场流动性的义务，所以当做市商和知情交易者交易的时候，必然遭受损失，即为了从知情交易者处获得私人信息，做市商必须支付信息成本。Capeland & Galai（1983）比较了垄断做市商和多个竞争性做市商的价差设定情况，结果发现，市场价差随着做市商的增多而减小，但是不会消失。并且，价差的设定随着不知情交易者需求的下降而增大，随着知情交易者比例的增大而逐渐趋于一致。

第二阶段，Glosten & Milgrom（1985）基于贝叶斯更新理论建立了序贯交易模型。他发现价差和存货成本独立仅由信息成本产生。进一步，过多的知情交易者将迫使做市商设定过大的价差，从而阻碍交易的进行。Easley & O'Hara（1987）分析了交易规模和时间对价格行为的影响。结果发现，规模大的订单往往以较劣的价格成交。同时，时间也具有信息含量，不仅影响价格的高低，也影响价差的大小。

第三阶段，虽然序贯交易模型描述了信息对做市商报价的影响，但是没有考虑知情交易者和不知情交易者对价格的反映。为了考察知情交易者的交易策略，Kyle（1985）在理性预期的基础上建立了批量交易模型，分析了知情交易者如何充分利用其私人信息。结果表明，知情交易者的最优交易量与不知情交易者的订单流有关，一次交易后将有一半的私人信息反映到价格中，经过多次交易，价格将完全反映其私人信息。Holden & Subrahmanyam（1992）研究了多个知情交易者竞争的交易策略，发现交易者之间的竞争使得信息融入价格的速度加快。为了考察不知情交易者的交易策略，Admati & Pfleiderer（1988，1989）研究了不知情交易者对日间不同时期订单流的选择问题，Foster & Viswanathan（1990）考察了不同交易日公共信息和私人信息的变化引起的日间策略影响，Seppi（1990）分析了大额交易者和小额交易者交易决策的影响因素，Spiegel & Subrahmanyam（1992）研究了做套期保值的风险厌恶的不知情交易者的交易行为。

自存货模型和信息模型产生之后，不少学者开始利用市场的实际数据对其进行检验。如 Madhavan & Smidt（1991），Hasbrouck & Sofianos（1993）采用专家的存货数据进行研究，发现做市商可在不改变价格的情况下控制存货，导致信息效应对价格的影响显著强于存货效应。尽管如此，Lyons（1995），Manaster & Mann（1996）的研究却发现，存货对价格有很强的直接效应。除了对存货效应和信息效应进行检验外，以看法差异为解释依据研究价格行为是市场微观结构的最新发展阶段。如 Parlour（1998），Farcault（1999），Handa, Schwartz & Tiwari（2003）等通过分析潜在的买者和卖者之间的博弈关系，研究了市场的交易量和价格行为之间的关系。

2.2.2 透明度的市场影响

证券市场透明度主要是指在交易过程中对交易信息的披露，其主要目的包括传播信息：交易信息的揭示使交易者能够正确而且快速地获得市场信息，以保障交易者在有效信息的基础上进行交易；维护公平：交易信息的披露有助于市场监管部门对内幕交易及异常交易行为的监管，从而维护市场的公平性；提高市场效率：披露交易信息有助于提高市场的流动性和价格的信息效率，促进社会资源的有效配置。

上述目的能否达到，还需考察这些信息对交易者行为的影响。Harris（2002）非常形象地描述了交易者对透明度的矛盾心情："交易信息的披露一方面使交易者能看到其他交易者的提单行为及其所掌握的信息，另一方面也暴露了自己的信息。"因此，不同类型的交易者对透明度的需求不同。知情交易者虽然希望得到市场交易信息以调整自己的报价策略，但是更担心较高的透明度使自己的私人信息被泄漏。因此，知情交易者更希望在透明度不是很高的市场交易。对不知情交易者来说，交易信息的披露是其获得信息的唯一渠道，披露的信息越多，他和知情交易者之间的信息不对称程度越低，交易成本也就越低。因此，不知情交易者希望市场透明度越高越好。由于交易者的行为直接影响到其提交订单的情况，交易信息披露程度会对市场产生怎样的影响也就引起了大家的广泛关注。

在证券市场中，交易信息的透明性通常以市场上买卖订单流和成交报告的信息披露来衡量。如 Mcinish & Wood（1992）把透明度定义为市场上最高买入报价、最低卖出报价、成交价和成交量等信息实时揭示的程度。国际证监会组织（IOSCO）在 1992 年将透明度定义为市场参与者观察诸如价格、数量、涉及的经纪商等交易特征的能力。O'Hara（1995）把市场透明度界定为观察交易过程中与价格有关的信息的能力，并且认为市场透明度主要包含以下 3 个方面的内容。

第一，什么样的信息需要披露？例如，订单簿包含了价格、数量和提交时间等大量信息，这就需要考虑披露几档的价格信息。披露的数量是单笔数量还是在某一价位上总的数量？

第二，信息公开的对象是谁？是投资机构、散户、做市商、市场监管者、证券商还是所有的公众？例如，吉隆坡、伦敦、赫尔辛基、意大利、墨西哥、布拉格和法兰克福交易所只对会员公开限价订单簿的信息。各种类型的交易者对信息的需求程度是不一样的。例如，Clowdhry & Nanda（1991）认为，做市商需要更多的关于订单流的信息以便于制定更好的价格，知情交易者却不愿意在这样的市场交易。Chakrabarti & Roll（1999）的研究表明，如果证券商能够从客户的订单提交中判断出其交易动机，那么他们就可以为自己的账户进行有利的交易。当证券商确定订单的提交是基于流动性的需求而不是基于信息交易的时候，证券商比较倾向于以自己的账户与这些订单成交，交易成本下降，流动性上升。否则，证券商成交的意愿较低，交易成本上升，流动性下降。

第三，交易信息是否应即时披露？一般而言，交易结束后系统会自动公布成交情况。然而，在大宗交易的事后披露时间上存在着较大的差异。例如，澳大利亚证券交易所即时披露，新加坡和香港证券交易所在10~15分钟内披露，而伦敦证券交易所在成交后第五日对外公布。

在证券市场，交易前透明度主要体现在3个方面：一是集合竞价市场的交易前透明度，例如是否采用开放式集合竞价交易机制；二是连续交易阶段的限价订单簿透明度，例如电子订单簿实时披露的买卖盘情况；三是大宗交易的透明度。

（1）集合竞价市场的交易前透明度

在集合竞价市场，一些交易所只显示指示性出清价格，或者不披露任何信息。例如，东京、中国台湾、上海和深圳（2006年7月1日之前）证券交易所在开盘前不披露任何信息。在这种"黑箱"式的运作模式下，一旦开盘价涨跌幅增大，交易者将承担较大的风险，导致交易者参与开盘的积极性较低，开盘价的代表性较差。最近，为了吸引交易者参与交易，增加市场流动性，大部分交易所都披露指示性出清价格、买卖盘信息等。例如，法兰克福证券交易所除对流动性较高的股票除公布指示性价格、最佳买卖报价外，还实时披露订单簿的不平衡情况。

根据披露信息的不同，本书把集合竞价分为两类：一是封闭式集合竞价（Close Auction），即在集合竞价过程中，系统不披露关于订单和可能的成交价的任何信息，只在竞价结束后才公开集合竞价产生的价格；二是开放式集合竞价（Open Auction），即在集合竞价过程中，系统即时披露指示性成交价和买卖盘信息，如伦敦、德国、香港和斯德哥尔摩证券交易所等。显然，开放式集合竞价的交易前透明度明显提高，使得交易者的信息结构、提交订单行为发生改变，从而市场行为也将受到影响。

目前，关于集合竞价透明度的研究较少。Friedman（1993）采用实验的方法研究了集合竞价市场订单簿的透明度问题，并且对集合竞价市场订单簿透明度的四种情况进行如下概括：一是系统不提供任何信息，仅在集合竞价结束后披露所确定的集合竞价价格；二是系统即时披露指示性集合竞价价格；三是系统在收集订单时不披露任何信息，但在集合竞价价格确定后，披露集合竞价所确定的价格以及订单簿的摘要信息；四是在集合阶段实时披露订单簿的摘要情况和指示性价格。实验研究结果表明，事前披露订单簿的信息将降低集合竞价市场的信息效率，且价差增大，但对交易量的影响不确定。他认为出现这种现象的原因在于，在透明度较高的集合竞价市场，交易者将更多地利用订单簿中显示的市场信息，而不是公司层面的信息。

Biais，Bruno，Hillion，et al.（1999）采用巴黎交易所的数据，实证研究了开盘前虚拟开盘价的收敛速度和价格发现效率。结果表明，随着虚拟开盘价被揭示，交易者提交订单的信息含量逐渐增加，价格的收敛速度逐渐加快。Madhavan，Porter & Weaver（2005）实证研究了多伦多证券交易所的交易前信息披露。结果表明，透明度对交易成本和流动性具有较大的影响，较高的透明度导致执行成本上升，流动性下降。周锋（2004）运用统计、数字模拟等方法对深圳股票市场中小企业板采用开放式集合竞价对开盘的效果进行了检验，发现在市场效率、交易者参与意愿方面，开放式集合竞价较封闭式集合竞价具有绝对优势。

王艳、孙琳满、杨忠直（2005）基于异质交易者假设，通过分析知情交易者和不知情交易者在集合竞价过程中的策略行为，研究了集合竞价过程中披露指示性价格和买卖盘信息对于集合竞价定价效率的影响，发现集合竞价的透明度提高使得交易者参与交易的积极性提高，从而成交价在很大程度上反映了交易者所一致认同的价格，价格的信息效率提高。李平和曾勇（2006）在理性预期框架下研究了开放式集合竞价的价格形成过程，并与封闭式集合竞价市场相比较，发现开放式集合竞价会吸引噪声交易者，在投资者人数不变的情况下，开放式集合竞价的定价误差会更大。虽然噪声交易者可能会带来负面影响，但吸引更多的交易者参与可能使成交价更有效率。

即便如此，王凯（2004）、欧阳建新（2005）还是对开放式集合竞价是否更有效率产生了质疑。因为开放式集合竞价在提高市场透明度的同时，也有可能给有实力的投机者带来可乘之机，他们会在开盘集合竞价阶段的头 5 分钟突然撤单或整个集合竞价的任意时点下大单来炒作市场，所以开放式集合竞价有可能产生比封闭式集合竞价更大的波动性，更低的价格效率。

（2）连续竞价市场的交易前透明度

在国际交易所联合会的积极推动下，大多数证券交易所的交易前信息披露范围有扩大的趋势。韩国证券交易所在 2002 年 1 月将揭示 5 档最佳买卖报价和委托量增加为揭示 10 档最佳买卖报价和委托量。中国台湾证券交易所在 2002 年 7 月改变了只揭示 1 档最佳买卖报价的做法，改为揭示 5 档最佳买卖报价和委托量。上海和深圳证券交易所、东京证券交易所和哥本哈根证券交易所陆续在 2003 年、2004 年、2005 年把最佳买卖报价增加到 5 档。

这种订单簿揭示范围的扩大一方面为流动性需求者（特别是不知情交易者）提供了更多的信息，提高了他们参与交易的积极性，另一方面使更多的流动性提供者的订单被暴露。因为这些订单对其他交易者而言相当于免费期权，所以流动性提供者不情愿在高度透明的情况下提交订单。显然，订单簿揭示范围的扩大不仅改变了市场上交易者的构成，还影响不同类型的交易者的交易行为，进而影响市场质量。

连续竞价市场的交易前透明度提高后，交易者的行为及其市场行为会发生怎样的变化呢？现有研究还非常有限且研究结论不一致。一种观点认为，透明度提高将改善市场质量。Hakansson，Beja & Kale（1985）的一项模拟实验指出，在给定的信息变化情况下，限价订单的深度减少了短期价格波动。在相同限价订单深度上，信息变化的加大增加了短期价格波动。Harris & Hasbrouck（1996）指出提高订单簿透明度会给交易者带来以下两类风险：

① 交易者更多地将私人信息泄露给市场；

② 暴露的限价订单更可能被其他交易者所利用。

同时，交易者应对这两类风险的方法是：

① 将大额订单拆为小额订单；

② 更频繁地撤销或更改订单。最终结果有可能导致市场流动性增加，价格的波动性增大。

Bloomfield & O'Hara（1999）对相互竞争的多个做市商在不同透明度安排下的实验研究发现，交易前透明度提高会增加市场流动性，提高价格发现效率。Glosten（1999），Bloomfield & O'Hara（2000），Baruch（2005）等人的理论研究表明，交易前透明度的提高会加速信息的传递，导致价格更有效率，价差和波动率也会缩小。

从实证的角度出发，Boehmer, Saar & Yu（2005）对纽约证券交易所的 OpenBook 系统、董锋和韩立岩（2006）对深圳 A 股市场的实证研究表明，交易前透明度提高后，市场的深度增加，价格的发现效率提高。王茂斌和孔东民（2007）研究了交易前透明度的变化对交易者的交易策略、市场质量和限价订单簿动态变化产生的影响，得到以下结果：市场透明度提高在增加市场深度、减少买卖价差、提高市场质量的同时，也降低了交易量、市价订单的比例，并且提高了交易者的等待成本。

另一种观点认为，透明度提高将使市场质量变得更差。Easley & O'Hara（1991）的模型研究表明，在订单簿中等待的限价订单具有免费期权的性质，价格波动越大，期权的价值越高。如果订单簿的透明度提高，限价订单提交者的监控成本将上升，交易者将不愿意在透明度较高的情况下提供免费期权，导致市场流动性减少和波动性增大。Flood, Huisman, Koedijk, et al.（1999）同样采用实验的方法研究了存在多个做市商的情况下市场的透明度问题，发现提高交易前透明度会减少市场流动性，降低价格发现效率。Madhavan（1996），Madhavan, Porter & Weaver（2005）等人的理论分析表明，较高的交易前透明度会导致较高的价差、较低的市场深度和较高的波动性。

在实证方面，Madhavan, Porter & Weaver（2005）对多伦多股票市场的研究，Tai, Yaling & Showgray（2005）对中国台湾股票市场的研究，以及 Bortoli（2006）对悉尼期货市场的研究都表明，交易前透明度提高后，市场的深度减少，波动性增加。此外，Anand & Weaver（2004）以多伦多证券交易所的交易数据为基础，研究了引入隐藏限价订单（作为降低交易前信息透明度的一种方式）对市场行为的影响，发现降低交易前信息透明度对价差和深度没有影响。张胜记和刘海龙（2005）发现，中国股票市场买卖盘揭示范围的扩大对上证与深证综合 A 股指数的收益波动性没有影响。Hendershott & Jones（2005）的研究表明，

Island 电子交易网络（Electronic Communications Network，ECN）于 2002 年 9 月对三只最活跃的基金停止披露限价订单簿之后，交易活动减少，价格发现降低，价格调整变慢。当 Island 电子交易网络重新披露订单时，市场质量随着透明度的提高而增加。

总体而言，现有文献对连续市场交易前透明度的研究存在两种不同的观点。造成这种现象的原因在于相关的研究还不够深入。我们认为，现有研究主要存在几点局限性：一是理论研究不够深入，并不清楚交易前透明度的变化将怎样影响不同类型投资者的指令提交策略。实际上，交易前透明度的安排与投资者的构成密切相关。一种特定的透明度安排在吸引了一部分投资者的同时，可能也会吓退其他一部分投资者。二是实证研究主要关注透明度的变化与相关市场特征（例如，市场深度、价差、波动性等）的关系，而很少直接检验透明度与不同类型交易者行为之间的关系。三是已有的理论和实证研究大多以交易商市场和成熟的市场为对象，对像中国股票市场这样的新兴的不存在做市商的连续双向拍卖市场的研究还比较缺乏。

（3）大宗交易市场的交易前透明度

大宗交易的信息可分为交易前信息和交易后信息。对于前者的披露，世界上各主要证券交易市场有 3 种做法：一是交易协议过程隐形化；二是交易协议过程部分隐形化；三是交易协议过程不隐形化。对于后者的披露，很多证券市场未做专门规定，但也有一些证券市场（如伦敦证券交易所、Euronext 等）采取延迟披露方式，即允许大宗交易在成交后规定的时间内对外公告。

为避免私有信息泄露，大宗交易者通常不愿意为了流动性而披露交易行为。Harris（2002）指出，大宗交易发起方的意图被披露之后，寄生性（Parasitic）交易者将会在其之前抢先成交同方向的订单来获取短期收益或避免大宗交易造成的不利价格影响，而反方向交易者为了利用大宗交易的价格影响将延迟交易。根据市场微观结构理论，发生的这两类交易都将增加大宗交易的成本。于是，大宗交易倾向于到较不透明的市场进行，选择交易策略隐藏其交易行为（Madhavan，1993）。例如，大宗交易者将订单拆分后在楼下市场进行交易，选择暗池交易平台进行交易等。与其不同，Seppi（1990）研究发现如果能够表明自己并不掌握任何私人信息，那么机构投资者更偏好进行大宗交易，而不是将订单拆分后在楼下市场进行交易。在特定的证券市场，大宗交易者的这种策略行为又会对市场产生什么影响？

根据市场微观结构理论，市场价格的变化是对信息的反映，大宗交易是否对市场造成影响以及造成多大的影响，与大宗交易是否包含信息以及如何进行信息披露密切相关。尽管大多数学者、监管当局一直非常关注该话题，但是学术界对此存在争议。一种观点认为，大规模交易比散户投资者发起的小规模交易传递了更多的信息，透明度较低的大宗交易市场有利于价格效率的提高。Seppi（1992）研究发现，大宗交易具有信息揭示效应，越接近季度报告披露之日，大宗交易的信息含量越高。Keim & Madhavan（1996）根据理性预期模型，采用纽约证券交易所的数据，研究了大宗交易的价格形成过程，发现交易规模越大，楼上市场的搜索强度就越大，并且在搜索过程中存在信息泄露现象。Swan，Fong & Madhavan（2004）采用澳大利亚证券交易所的数据研究了大宗交易的市场冲击成本和价格发现，结果表明楼上市场能够实现价格的帕累托改进。林振兴和屈文洲（2010）也发现中国大宗交易价格的信息对普通投资者的心理和行为产生影响的证据，得到大宗交易给竞价市场带来负的财富效应的结论。Ye（2010）表明，暗池化的配对系统导致的市场分割不会损害市场质量，虽然短期内会增大波动性，但交易成本会显著下降，价格效率也会提高。

另一种观点认为，在楼上市场和暗池交易平台进行交易的大都是基于流动性需求的不知情交易者，大宗交易的信息含量低，对市场的影响较小。Madhavan & Cheng（1997）研究发现，当投资者能够向交易对手传递其并不掌握私人信息的信号时，其偏好大宗交易，且楼上市场交易对股价冲击更小。Smith，Turnbull & White（2001），Booth，Lin，Tse，et al.（2002）分别采用东京证券交易所和赫尔辛基证券交易所的数据研究楼上市场的价格发现效率，结果表明楼上经纪人将通过有效地隐藏信息交易降低逆向选择成本，致使楼上交易具有较少的信息内容和较小的价格影响。Mahendrarajah & Sugata（2013）研究发现，由于知情交易者倾向于提交同方向的订单，在暗池交易平台成交风险大，知情交易者较倾向于选择透明度较高的交易所进行交易或者采用算法交易在两者之间进行分离订单，基于流动性需求的不知情交易者通常选择暗池交易平台进行交易，致使暗池交易向交易前透明度较高的场内交易传递较少的信息。

　　虽然现有文献分别采用不同的研究方法对大宗交易和普通规模交易进行了大量研究，但是对大宗交易的交易前透明度怎样影响交易者的行为，这种交易行为又怎样影响价格效率没有进行研究。上述文献得出不同结论的可能原因很多，但是我们认为其中一个重要的原因是：大宗交易机制不同，与其并行的普通规模交易机制也不同，即便是相同的投资者结构，不同类型的投资者在不同的市场环境中产生的交易策略也不同，从而使大宗交易包含不同的信息内容，对价格发现效率产生不同的影响。对于中国大宗交易是否包含信息的研究还比较少，现有研究多集中于大宗交易制度的介绍、大宗交易的运行状况、大宗交易折价的影响因素和大宗交易对市场的影响等（徐辉和廖士光，2007；刘逖和叶武，2009；Fan，Hu & Jiang，2012；等等），并没有进一步研究普通规模交易怎样学习大宗交易信息。

第 3 章
集合竞价及其透明度

　　正如第一、二章指出的那样，集合竞价包含两个阶段：第一阶段是交易者的提单过程；第二阶段是交易所将第一阶段收集的订单按照一定的匹配方法撮合产生价格的过程。其中，在交易者提单的过程中透明度对交易者的行为产生很大的影响。例如，透明度会影响交易者之间的信息传递方式和交易者的提单行为，进而影响市场流动性、价格波动性和均衡价格的产生等。

　　目前，关于集合竞价交易机制的研究，主要集中于对封闭式集合竞价的研究。Madhavan & Smidt（1992）最早在理性预期的框架下建立了存在做市商的封闭式集合竞价的理论模型，并且认为当信息不对称小于一定程度时，集合竞价的均衡价格存在，并且与瓦尔拉斯市场的均衡价格一致，均是帕累托有效价格，但集合竞价市场的交易量通常低于瓦尔拉斯市场。后来，Madhavan & Panchapagesan（2000）、李兴绪（2002）研究了存在做市商和允许提交市价订单的集合竞价市场的价格形成过程。攀登、刘逖、刘海龙等（2004）构建了庄家和散户在封闭式集合竞价中的交易意愿和订单提交策略模型，并采用中国股票市场的交易数据进行了实证分析，发现交易者的交易意愿较低，建议把我国证券市场的封闭式集合竞价模式改为开放式集合竞价模式，以此提高集合竞价的透明度，提高价格的信息效率，并防止开盘价格的人为操纵。

从文献回顾可知，对于集合过程中信息披露的研究，主要采用实验和数字模拟的方法，并且得到的结论与理论和实证方法不同，这主要是以下两方面的原因造成的。一方面可能是真实市场上投资者的行为与数字模拟结果相差较大，另一方面可能是现有的理论分析还不够深入。例如，王艳、孙琳满、王忠直（2005）的研究并没有直接推导出开放式集合竞价的均衡模型，而是间接分析了指示性价格在不知情交易者对风险资产价值后验判断中的作用。李平和曾勇（2006）虽然直接分析了开放式集合竞价的价格发现过程，但其构建的封闭式集合竞价模型不允许不知情交易者参与交易，并且只分析了虚拟成交价（指示性价格）的作用。迄今为止，本书作者没有发现任何分析虚拟匹配量和未匹配量在价格形成过程中的作用的理论研究文献。

对于集合竞价的第二阶段，即价格确定方法的研究一直被认为是"黑箱"（Madhavan & Panchapagesan, 2000），研究难度较大。因此，大多数交易所一直采用国际上常用的标准四原则。Mc Cormik（2001）指出只采用最大成交量原则存在各种弊端。Comerton-Forde & Rydge（2006a, 2006b）实证检验了澳大利亚证券交易所将成交价格从基于前两笔订单的加权平均算法改为采用标准四原则算法后的市场效果，发现采用标准四原则减小了成交价格的波动性，提高了价格发现效率，增大了影响价格（操纵价格）的难度和成本。刘逖、叶武、章秀奇等（2006）比较了我国证券市场采用的四原则和标准四原则的差异，发现后者有利于增强价格的连续性，提高集合竞价的定价效率。于是，究竟哪种集合竞价的匹配算法更好也成为大家非常关注的问题。

鉴于此，本章采用理性预期和双向拍卖理论研究集合竞价的均衡价格模型和匹配算法，为研究集合竞价对市场影响的研究提供理论基础。

3.1 集合竞价的价格发现

3.1.1 研究假设

假设有两个时期，第 0 期和第 1 期。在第 0 期，证券市场上只有一种无风险资产和一种风险资产。在第 0 期，所有投资者对这两种资产进行交易。其中，风险资产采用开放式集合竞价进行交易。在第 1 期，所有投资者进行消费，经济结束。无风险资产在第 0 期的价格为 1，在第 1 期确定地支付 1 个单位的消费品，且具有无限供给弹性。假设投资者 i 的初始财富为 W_{0i}，在第 1 期的财富为 W_{1i}。

假设市场上存在两类对风险资产有需求的投资者：知情交易者和不知情交易者，他们所占的比例分别为 μ 和 $1-\mu$。在第 0 期，不知情交易者只知道公共信息，即对风险资产的价值 v 具有先验信念（Prior Belief），并假设其服从均值为 $\bar{v}$，精度（方差的倒数）为 τ 的正态分布。知情交易者除了知道公共信息，还拥有私人信息 s，且假设其服从均值为 v，精度为 η 的正态分布。

假设所有投资者均具有关于第 1 期财富的负指数效用函数 $u_i(W_{1i}) = -\exp(-\rho W_{1i})$，其中 ρ 为绝对风险厌恶系数[①]。因 W_{1i} 服从正态分布（从后文可知），故寻求预期效用最大化的投资者的策略是求解下述的最优化问题：

$$\max_{z_i} \left\{ E[W_{1i}|\Theta_i] - (\rho/2)\,\mathrm{var}[W_{1i}|\Theta_i] \right\} \tag{3-1}$$

式中，z_i 是投资者 i 对风险资产的需求量，Θ_i 是投资者 i 在第 0 期的信息集合。

若投资者 i 在第 0 期购买的风险资产的数量为 z_i，则他在第 0 期购买的无风险资产的数量为 $W_{0i} - pz_i$。显然，在第 1 期，投资者 i 的财富为

$$W_{1i} = vz_i + W_{0i} - pz_i = (v-p)z_i + W_{0i} \tag{3-2}$$

---

① 本文为了模型的简化，假设所有投资者具有相同的风险厌恶系数。也可假设不同类型投资者的风险厌恶程度不同，但不会影响本文的主要研究结果。

式中，p 为风险资产在第 0 期的价格。根据式（3-1）和（3-2），我们可知投资者 i 对风险资产的需求量为

$$z_i = \frac{E[v \mid \Theta_i] - p}{\rho \, \text{var}[v \mid \Theta_i]} \qquad (3\text{-}3)$$

假设在第 0 期，开放式集合竞价过程又分为两个阶段：第 1 阶段和第 2 阶段。由于在产生第一个虚拟成交价之前，没有虚拟成交价、匹配量和未匹配量等信息可披露，所以不妨假设在第 1 阶段采用封闭式集合竞价方式，并且确定了虚拟的成交价 p_1、虚拟的匹配量 x_1 和未匹配量 x_2。考虑到当市场均衡时，超额需求为零，以及虚拟的成交量和未匹配量包含了许多噪声因素或不真实的需求，本书假定 x_1 和 x_2 均服从均值为 0，精度为 γ 的正态分布。为模型的简单起见，进一步假设在第 1 阶段和第 2 阶段提交订单的知情交易者和不知情交易者的数量相等，即分别为 $\mu/2$ 和 $(1-\mu)/2$。

3.1.2 封闭式集合竞价的价格发现

对第 1 阶段的知情交易者而言，他们的信息集合 $\Theta_{I1} = \{s\}$。由前述的模型假设及贝叶斯法则可知，知情交易者关于风险资产价值的后验信念（Posterior Belief）为

$$E[v \mid s] = \frac{\tau \bar{v} + \eta s}{\tau + \eta} \qquad (3\text{-}4)$$

$$\text{var}[v \mid s] = (\tau + \eta)^{-1} \qquad (3\text{-}5)$$

将式（3-4）和（3-5）代入式（3-3），可得到参与第 1 阶段知情交易者的需求量：

$$z_{I1} = \frac{\tau \bar{v} + \eta s - p_1 (\tau + \eta)}{\rho} \qquad (3\text{-}6)$$

对第 1 阶段的不知情交易者而言，他们虽然不能直接观测到私人信息 s，但能预期集合竞价的均衡价格具有如下线性形式：

$$p_1 = a_1\overline{v} + b_1 s - c_1 x_1 \qquad (3-7)$$

式中，a_1、b_1、c_1 是待定的系数。

通过价格的函数形式，不知情交易者可以得知如下信息：

$$\theta_1 = \frac{p_1 - a_1\overline{v}_1}{b_1} = s - \frac{c_1}{b_1}x_1 \qquad (3-8)$$

因为风险资产的供给（虚拟匹配量）x_1 是随机变量，所以信息 θ_1 只是部分反映了私人信息 s [①]。根据模型假设可知，θ_1 服从正态分布，且其均值为 v，精度为

$$\eta_{\theta 1} = \left[\frac{1}{\eta} + \left(\frac{c_1}{b_1} \right)^2 \frac{1}{\gamma} \right]^{-1} \qquad (3-9)$$

因此，第 1 阶段的不知情交易者的信息集合为 $\Theta_{U1} = \{\theta_1\}$。根据前述的模型假设及贝叶斯法则，不知情交易者关于风险资产价值的后验信念为

$$\mathrm{E}[v \mid \theta_1] = \frac{\tau\overline{v} + \eta_{\theta 1}\theta_1}{\tau + \eta_{\theta 1}} \qquad (3-10)$$

$$\mathrm{var}[v \mid \theta_1] = \left(\tau + \eta_{\theta_1} \right)^{-1} \qquad (3-11)$$

将式（3-10）和（3-11）代入式（3-3），可得到第 1 阶段不知情交易者的需求量为

$$z_{U1} = \frac{\tau\overline{v} + \eta_{\theta 1}\theta_1 - p_1\left(\tau + \eta_{\theta 1} \right)}{\rho} \qquad (3-12)$$

第 1 阶段的封闭式集合竞价结束后，市场达到均衡状态。此时，总需求等于第 1 阶段的总供给（虚拟匹配量），即满足：

---

① 如果风险资产的供给 x_1 不是随机变量，且能被不知情交易者完全观测到，那么通过资产的价格，信号 θ_1 完全传递了市场上的私人信息 s，即完全信息揭示。但 Grossman & Stiglitz（1980）的研究表明，完全信息揭示的均衡是不存在的。

$$\frac{\mu}{2}z_{I1} + \frac{(1-\mu)}{2}z_{U1} = x_1 \qquad （3-13）$$

将式（3-6）和（3-12）代入式（3-13），可得到下述的命题 3-1。

命题 3-1：第 1 阶段的封闭式集合竞价产生的虚拟成交价 p_1 和虚拟匹配量 x_1 满足如下关系式：

$$p_1 = a_1 \bar{v} + b_1 s - c_1 x_1 \qquad （3-14）$$

式中，$a_1 = \dfrac{\tau}{C_1}$，$b_1 = \dfrac{\mu\eta + (1-\mu)\eta_{\theta 1}}{C_1}$，$c_1 = \dfrac{2\rho\left[(1-\mu)\eta_{\theta 1} + \mu\eta\right]}{C_1 \mu\eta}$，

$C_1 = \tau + \mu\eta + (1-\mu)\eta_{\theta 1}$，$\eta_{\theta 1} = \left(\eta^{-1} + 4\rho^2(\mu\eta)^{-2}\gamma^{-1}\right)^{-1}$。

证明：将式（3-6）和（3-12）代入式（3-13）有

$$\frac{\mu}{2}\left[\frac{\tau\bar{v} + \eta s - p_1(\tau + \eta)}{\rho}\right] + \frac{(1-\mu)}{2}\left[\frac{\tau\bar{v} + \eta_{\theta 1}\theta_1 - p_1(\tau + \eta_{\theta 1})}{\rho}\right] = x_1，$$

故有

$$
\begin{aligned}
p_1 &= \frac{\tau\bar{v} + \mu\eta s + (1-\mu)\eta_{\theta 1}\theta_1 - 2\rho x_1}{\tau + \mu\eta + (1-\mu)\eta_{\theta 1}} \\
&= \frac{\tau\bar{v} + \mu\eta s + (1-\mu)\eta_{\theta 1}\left(s - \dfrac{c_1}{b_1}x_1\right) - 2\rho x_1}{C_1}
\end{aligned}
\qquad （3-15）
$$

式中，$C_1 = \tau + \mu\eta + (1-\mu)\eta_{\theta 1}$。

比较式（3-14）与（3-15）可知：$a_1 = \dfrac{\tau}{C_1}$，$b_1 = \dfrac{\mu\eta + (1-\mu)\eta_{\theta 1}}{C_1}$，

$$c_1 = \frac{\dfrac{c_1}{b_1}(1-\mu)\eta_{\theta 1} + 2\rho}{C_1}。$$

根据 b_1 和 c_1 的表达式，可得 $\dfrac{c_1}{b_1} = \dfrac{\dfrac{c_1}{b_1}(1-\mu)\eta_{\theta 1} + 2\rho}{\mu\eta + (1-\mu)\eta_{\theta 1}}$。

化简上式可得

$$\frac{c_1}{b_1} = \frac{2\rho}{\mu\eta} \tag{3-16}$$

将式（3-16）代入式（3-9）和 c_1 的表达式可得

$$\eta_{\theta 1} = \left(\eta^{-1} + 4\rho^2(\mu\eta)^{-2}\gamma^{-1}\right)^{-1}, \quad c_1 = \frac{2\rho\left[(1-\mu)\eta_{\theta 1} + \mu\eta\right]}{C_1\mu\eta}$$

综上，可得到命题 3-1 中相关系数的表达式。

3.1.3 开放式集合竞价的价格发现

因为不可撤单，所以第 1 阶段竞价结束后披露的虚拟成交价格 p_1 反映了市场上部分知情交易者的信息。因此，对参与第 2 阶段的不知情交易者而言，他们可以观测到虚拟成交价格这个信号，并且根据命题 3-1 可知，虚拟成交价的精度为

$$\beta = 1/\text{var}(p_1) = \left(b_1^2/\eta + c_1^2/\gamma\right)^{-1} \tag{3-17}$$

与第 1 阶段相同，虽然不知情交易者不能直接观测到新的私人信息 s，但通过价格的函数形式，不知情交易者可以得知如下信息：

$$\theta_2 = s - \frac{d_2}{b_2}x_2 \tag{3-18}$$

式中，b_2 和 d_2 是待定的系数。

根据模型假设知，θ_2 服从正态分布，且其均值为 v，精度为

$$\eta_{\theta 2} = \left[\frac{1}{\eta} + \left(\frac{d_2}{b_2}\right)^2\frac{1}{\gamma}\right]^{-1} \tag{3-19}$$

因此，不知情交易者的信息集合为 $\Theta_{U2} = \{p_1, \theta_2\}$。根据前述的模型假设及贝叶斯法则，不知情交易者关于风险资产价值的后验信念为

$$E[v \mid p_1, \theta_2] = \frac{\tau \overline{v} + \beta p_1 + \eta_{\theta 2}\theta}{\tau + \beta + \eta_{\theta 2}} \qquad (3\text{-}20)$$

$$\mathrm{var}[v \mid p_1, \theta_2] = (\tau + \beta + \eta_{\theta 2})^{-1} \qquad (3\text{-}21)$$

将式（3-20）和（3-21）代入式（3-3），可得到第 2 阶段不知情交易者的需求量为

$$z_{U2} = \frac{\tau \overline{v} + \beta p_1 + \eta_{\theta 2}\theta_2 - p_2(\tau + \beta + \eta_{\theta 2})}{\rho} \qquad (3\text{-}22)$$

对于第 2 阶段的知情交易者而言，相对于自己的私人信息，虚拟成交价格并不能带来关于资产价值的额外信息[①]。因此，参与第 2 阶段的知情交易者的信息集仍为 $\Theta_{I1} = \{s\}$，其需求量的表达式与参与第 1 阶段的知情交易者相似：

$$z_{I2} = \frac{\tau \overline{v} + \eta s - p_2(\tau + \eta)}{\rho} \qquad (3\text{-}23)$$

第 2 阶段的开放式集合竞价结束时，由于不可撤单，所以第 1 阶段和第 2 阶段的总需求等于两阶段的总供给，即满足

$$\frac{\mu}{2} z_{I1} + \frac{(1-\mu)}{2} z_{U1} + \frac{\mu}{2} z_{I2} + \frac{(1-\mu)}{2} z_{U2} = x_1 + x_2 \qquad (3\text{-}24)$$

根据式（3-13），式（3-24）可化简为

$$\frac{\mu}{2} z_{I2} + \frac{(1-\mu)}{2} z_{U2} = x_2 \qquad (3\text{-}25)$$

将式（3-22）和（3-23）代入式（3-25），可得到下述的命题 3-2。

命题 3-2：第 2 阶段的开放式集合竞价产生的成交价 p_2、第 1 阶段的虚拟匹配量 x_1 和未匹配量 x_2 满足如下关系式：

$$p_2 = a_2 \overline{v} + b_2 s - c_2 x_1 - d_2 x_2 \qquad (3\text{-}26)$$

---

① 由于虚拟价格 p_1 中包含了随机变量 x_1 的信息，所以其信号的精度不如私人信息 s。

式中，$a_2 = \dfrac{\tau + (1-\mu)\beta a_1}{C_2}$，$b_2 = \dfrac{\mu\eta + (1-\mu)(\beta b_1 + \eta_{\theta 2})}{C_2}$，$c_2 = \dfrac{(1-\mu)\beta c_1}{C_2}$，

$d_2 = \dfrac{2\rho\left((1-\mu)(\eta_{\theta 2} + \beta b_1) + \mu\eta\right)}{C_2((1-\mu)\beta b_1 + \mu\eta)}$，$C_2 = \tau + \mu\eta + (1-\mu)(\eta_{\theta 2} + \beta)$，

$\eta_{\theta 2} = \left(\eta^{-1} + 4\rho^2((1-\mu)\beta b_1 + \mu\eta)^{-2}\gamma^{-1}\right)^{-1}$，$\beta = \left(b_1^2/\eta + c_1^2/\gamma\right)^{-1}$，

a_1、b_1 和 c_1 的表达式见命题 3-1。

证明：将式（3-22）和（3-23）代入式（3-25）有

$$\frac{\mu}{2}\left(\frac{\tau\overline{v} + \eta s + \beta p_1 - p_2\left(\tau + \eta + \beta\right)}{\rho}\right) + \frac{(1-\mu)}{2}\left(\frac{\tau\overline{v} + \beta p_1 + \eta_{\theta 2}\theta_2 - p_2\left(\tau + \beta + \eta_{\theta 2}\right)}{\rho}\right) = x_2，$$

故有

$$p_2 = \frac{\tau\overline{v} + \beta p_1 + \mu\eta s + (1-\mu)\eta_{\theta 2}\left(s - \dfrac{d_2}{b_2}\delta x_2\right) - 2\rho\delta x_2}{\tau + \beta + \mu\eta + (1-\mu)\eta_{\theta 2}}$$

$$= \frac{\tau\overline{v} + \beta\left(a_1\overline{v} + b_1 s - c_1 x_1\right) + \mu\eta s + (1-\mu)\eta_{\theta 2}\left(s - \dfrac{d_2}{b_2} x_2\right) - 2\rho x_2}{C_2} \qquad (3\text{-}27)$$

式中，$C_2 = \tau + \beta + \mu\eta + (1-\mu)\eta_{\theta 2}$。

比较式（3-26）与（3-27）可知，$a_2 = \dfrac{\tau + \beta a_1}{C_2}$，

$b_2 = \dfrac{\beta b_1 + \mu\eta + (1-\mu)\eta_{\theta 2}}{C_2}$，$c_2 = \dfrac{\beta c_1}{C_2}$，$d_2 = \dfrac{\dfrac{d_2}{b_2}(1-\mu)\eta_{\theta 2} + 2\rho}{C_2}$，

又根据 b_2 和 d_2 的表达式，可得

$$\frac{d_2}{b_2} = \frac{2\rho}{\beta b_1 + \mu\eta} \qquad (3\text{-}28)$$

将式（3-28）代入式（3-19）和 d_2 的表达式可得

$$\eta_{\theta 2} = \left(\eta^{-1} + 4\rho^2(\beta b_1 + \mu\eta)^{-2}\gamma^{-1}\right)^{-1}, \quad d_2 = \frac{2\rho\left((1-\mu)\eta_{\theta 2} + \beta b_1 + \mu\eta\right)}{C_2(\beta b_1 + \mu\eta)}。$$

综上，可得到命题 3-2 中相关系数的表达式。

3.2 集合竞价透明度与价格发现

为了比较开放式与封闭式集合竞价的差异，我们需要求出整个集合竞价过程都是封闭的情况下的定价形式。与开放式集合竞价不同的是，完全封闭的集合竞价只进行一次价格撮合，即将原来开放式集合竞价的两个阶段的市场供求合并成一个阶段来出清。此时，风险资产总的供给量是 $x_1 + x_2$。采用与证明命题 3-1 相同的方法，可得到下述的命题 3-3（证明略）。

命题 3-3：若完全采用封闭式集合竞价的方式，则产生的成交价格 p_3 和总供给量 $x_1 + x_2$ 满足如下关系式：

$$p_3 = a_3\overline{v} + b_3 s - c_3(x_1 + x_2) \tag{3-29}$$

式中，$a_3 = \dfrac{\tau}{C_3}$，$b_3 = \dfrac{\mu\eta + (1-\mu)\eta_{\theta 3}}{C_3}$，$c_3 = \dfrac{\rho\ (1-\mu)\eta_{\theta 3} + \mu\eta}{C_3\mu\eta}$，

$C_3 = \tau + \mu\eta + (1-\mu)\eta_{\theta 3}$，$\eta_{\theta 3} = \left(\eta^{-1} + 2\rho^2(\mu\eta)^{-2}\gamma^{-1}\right)^{-1}$。

（1）定价偏差的比较

根据命题 3-1 至命题 3-3，以及模型假设，可得下述的命题 3-4。

命题 3-4：无论采用开放式集合竞价还是封闭式集合竞价，所产生的成交价格均是风险资产的无偏估计量，即

$$E(p_2) = E(p_3) = \overline{v} \tag{3-30}$$

证明：根据命题 3-1 和命题 3-2，以及模型假设有

$$
\begin{aligned}
\mathrm{E}(p_2) &= \mathrm{E}(a_2\overline{v} + b_2 s - c_2 x_1 - d_2 x_2) \\
&= (a_2 + b_2)\overline{v} \\
&= \left(\frac{\tau + \beta a_1}{C_2} + \frac{\beta b_1 + \mu\eta + (1-\mu)\eta_{\theta 2}}{C_2} \right)\overline{v} \\
&= \frac{\tau + \mu\eta + (1-\mu)\eta_{\theta 2} + \beta(a_1 + b_1)}{C_2}\overline{v} \\
&= \frac{\tau + \mu\eta + (1-\mu)\eta_{\theta 2} + \beta\left(\dfrac{\tau}{C_1} + \dfrac{\mu\eta + (1-\mu)\eta_{\theta 1}}{C_1} \right)}{C_2}\overline{v} \\
&= \frac{\tau + \mu\eta + (1-\mu)\eta_{\theta 2} + \beta}{C_2}\overline{v} \\
&= \overline{v}
\end{aligned}
\tag{3-31}
$$

采用同样的方法，根据命题 3-3 以及模型假设易证 $\mathrm{E}(p_3) = \overline{v}$。

需要指出的是，命题 3-4 成立主要是因为风险资产的供给 x_1 和 x_2 的均值为零的假设。事实上，在集合竞价的价格确定原则中，成交量最大通常作为第一原则。而当成交量最大时，通常认为市场达到了出清条件。此时，总供给等于总需求，或超额需求与超额供给同时为零。在本书的假设中，风险资产的供给 x_1 和 x_2 可视为超额供给，而加总的风险资产的需求可被视为超额需求。

（2）私人信息揭示程度的比较

资产价格在多大程度上反映了市场的相关信息是衡量交易机制优劣的重要方面之一。从市场微观结构角度来看，最重要的指标是考察私人信息的揭示程度。关于这方面的指标又有两种：一种是直接比较私人信息对风险资产均衡价格的影响；另一种是比较不知情交易者对风险资产的后验判断。关于第一种指标，在本书中直接比较命题 3-2 和命题 3-3 中私人信息 s 的系数 b_2 和 b_3 的大小即可。关于第二种指标，主要比较第 2 阶段中不知情交易者对风险资产的后验判断，以及在封闭式集合竞价中不知情交易者对风险资产的后验判断。由模型假设易知，无论是哪种情况，不知情交易者对风险资产的后验均值都是 $\overline{v}$。因此，判断的差异在于风险资产的后验方差。其中，不知情交易者在开放式集合竞价第 2 阶段中对风险资产

的后验方差为式（3-24），并且易知在封闭式集合竞价中的后验方差为

$$\text{var}[v \mid \theta_3] = \left(\tau + \eta_{\theta_3} \right)^{-1} \qquad (3\text{-}32)$$

式中，θ_3 为不知情交易者在封闭式集合竞价中通过价格函数得到的信息，$\eta_{\theta 3}$ 的表达式见命题 3-3。根据命题 3-1 至命题 3-3，可得下述的命题 3-5。

命题 3-5：与封闭式集合竞价相比，开放式集合竞价对私人信息的揭示程度更高。

由于直接比较相关指标的计算异常复杂，下面采用数值释例进行比较 [①]。如图 3-1 和图 3-2 所示分别是两种指标的比较结果。

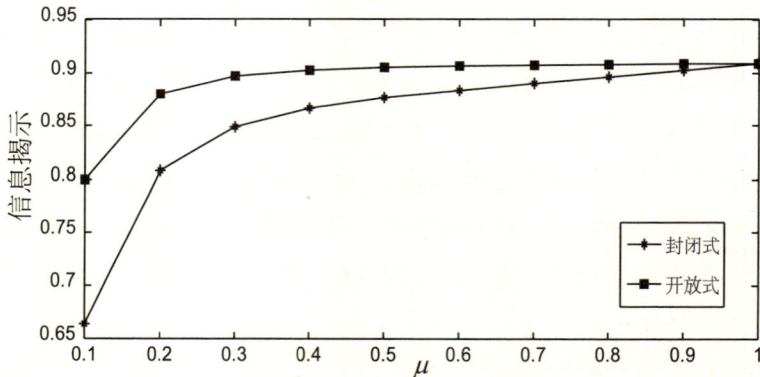

图 3-1 私人信息揭示的比较

从图 3-1 可知，采用开放式集合竞价机制所确定的均衡价格对私人信息的反应更明显（系数 b_2 的值较大）。从图 3-2 可知，在开放式集合竞价中，不知情交易者对风险资产的后验方差更小，即对风险资产后验判断的精度更高，这与王艳、孙琳满、杨忠直（2005）的结论一致。无论是哪种指标，都说明私人信息在开放式集合竞价中的揭示程度更高。此外，从图 3-1 还可看出，随着知情交易者比例的增大，无论是开放式还是封

---

① 基于相同的原因，本文其他指标的比较也采用数值释例。若无特别说明，相关变量的取值分别为：$\tau = \rho = 1$，$\eta = \gamma = 10$。

闭式集合竞价，私人信息揭示的程度都会提高，但两种机制对私人信息揭示的差异会减少，原因是当知情交易者的比例很高时，他们之间的竞争将导致私人信息的揭示加速，并且这种竞争的效应超过了交易机制的影响。因此，提高市场效率的两种方式是增大知情交易者的比例或者提高市场的透明度（例如，采用开放式集合竞价）。而提高市场透明度也可认为间接增大了知情交易者的比例，即更多的不知情交易者通过学习或直接观察到私人信息而成为知情交易者。

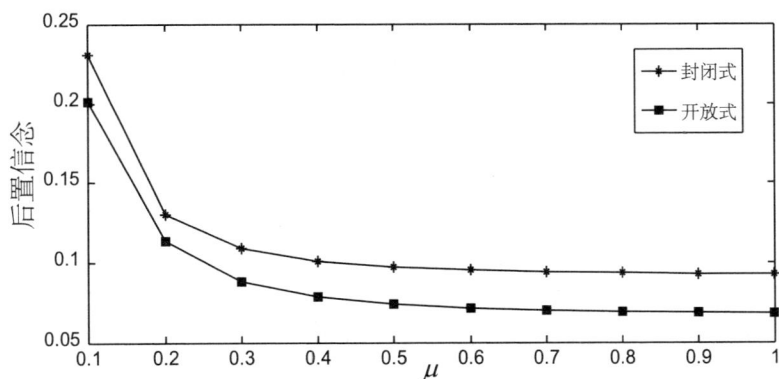

图 3-2　后验判断的比较

（3）市场深度的比较

深度是度量交易量对价格变化影响程度的指标。通常认为，单位数量的订单对价格的冲击越小，即引起价格变化的程度越小，市场的深度越大。深度也是衡量市场流动性的重要指标之一，即深度越大，市场流动性越好。根据 Kyle（1985）的定义、命题 3-2 和命题 3-3，可知开放式与封闭式集合竞价的深度指标分别为 $1/(c_2+d_2)$ 和 $1/2c_3$ [①]。通过数值释例的比较，可得下述的命题 3-6。

命题 3-6：与封闭式集合竞价相比，开放式集合竞价的市场深度更高。

---

① 在 Kyle（1985）的论文中，市场深度被定义为价格对交易量导数的倒数。显然，在本文中，封闭式集合竞价市场的深度为 $1/c_3$。在开放式集合竞价中，由于 c_2 不等于 d_2，故不妨取其平均值的倒数作为开放式集合竞价市场的深度。

如图 3-3、3-4 所示：

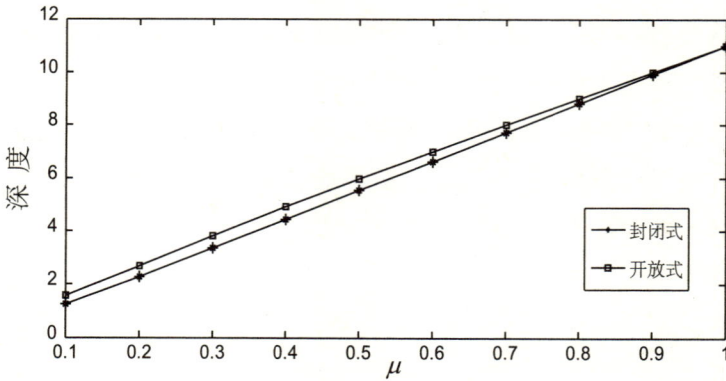

图 3-3 深度的比较

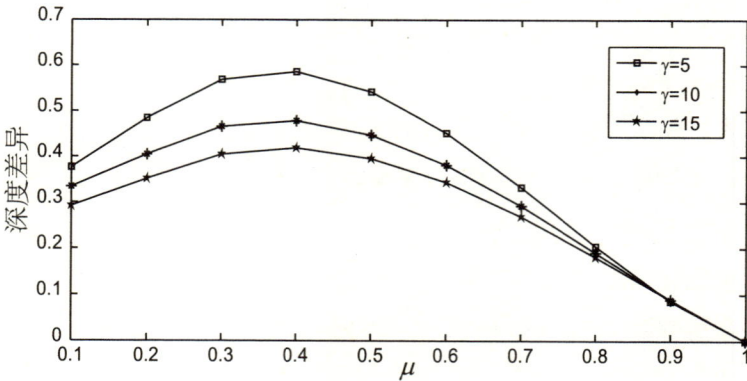

图 3-4 深度差异的变化

从图 3-3 可知，随着知情交易者比例的增大，市场深度也增加，但与封闭式集合竞价相比，开放式集合竞价市场的深度更大，即相同数量的订单对价格变化的影响较小。这说明当市场上知情交易者更多或信息更透明时，来自风险资产供给的不确定性对价格的冲击较小。进一步，图 3-4 显示了两种集合竞价机制在深度方面的差异（ $1/(c_2 + d_2) - 1/2c_3$ ）情况。很容易看出，随着知情交易者比例的增大，两种交易机制在市场深度方面

的差异先增加后减小。出现这种情况的原因在于，当知情交易者的比例很
小时，进入市场的私人信息总量也比较小，进而导致通过开放式集合竞价
披露的信息含量有限。此时，风险资产供给的不确定性对价格的冲击较
大，进而导致两种集合竞价机制在深度方面的差异较小。随着知情交易者
比例的逐渐增大，进入市场的私人信息总量也增多，此时通过开放式集合
竞价披露的信息也增多，开放式集合竞价在深度方面的优势也逐渐凸显。
而当知情交易者的比例较大时，虽然市场的深度仍在增加，但两种机制的
差异在减小，这主要源于随着市场上信息的非对称程度降低，采用开放
式集合机制进一步增加信息含量的作用有限。此外，从图 3-4 还可看出，
两种交易机制在深度方面的差异随着风险资产供给的精度（γ）增加（即
供给的不确定性程度降低）而减小，但随着知情交易者比例的增大先增大
后减小。

（4）价格波动率的研究

根据命题 3-4 可知，无论是封闭式集合竞价还是开放式集合竞价，
所确定的价格都是风险资产的无偏估计量。因此，两种机制在定价上的差
异主要表现在价格的波动率（方差）方面。通常情况下，交易者对价格的
波动率十分关注，因为对于具有风险规避倾向的交易者而言，较小的波动
率表示承担了较小的风险，进而意味着获得较高的效用。根据命题 3-2、
命题 3-3 可知：

$$\sigma_o = \frac{b_2^2}{\eta} + \frac{(c_2 + d_2)^2}{\gamma} \qquad （3-33）$$

$$\sigma_c = \frac{b_3^2}{\eta} + \frac{4c_3^2}{\gamma} \qquad （3-34）$$

式中，σ_o 和 σ_c 分别为开放式集合竞价与封闭式集合价竞价的方差
（波动率）。通过数值释例的比较，可得下述的命题 3-7。

**命题 3-7：与封闭式集合竞价相比，开放式集合竞价的价格波动率
较小。**

如图 3-5、3-6 所示：

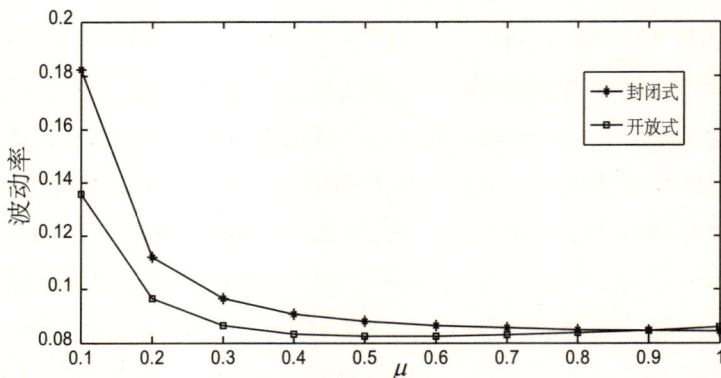

图 3-5 波动率的比较

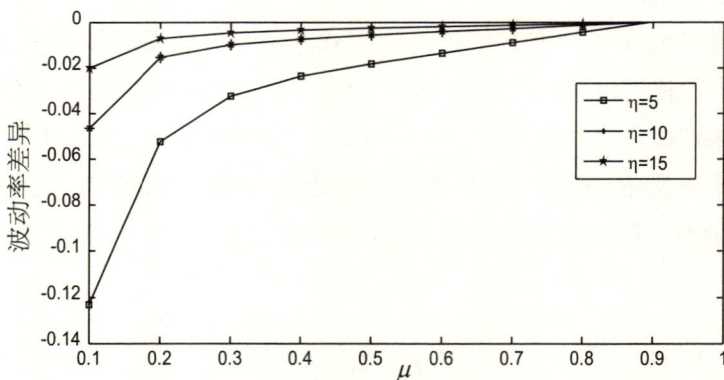

图 3-6 波动率差异的变化

从图 3-5 可知，随着知情交易者比例的增大，价格的波动率减小。但与封闭式集合竞价相比，开放式集合竞价市场的波动率更小。这说明当进入市场的私有信息的总量越多时，价格的波动率越小。李平和曾勇（2006）认为当市场的规模不变，即参与竞价的交易者人数相同时，开放式集合竞价的波动率反而较大，似乎与本书的结论不一致。需要指出的是，在李平和曾勇（2006）的封闭式集合竞价模型中，只有知情交易者参与交易，而开放式集合竞价则会吸引噪声交易者。从所包含的信息含量而言，在市场规模相同的情况下，只允许知情交易者参与交易的封闭式集合竞价所包含的信息含量大于开放式集合竞价，所以才会导致封闭式集合竞价的波动率较低。而在本书的模型中，无论是封闭式还是开放式集合竞价，都存在不知情交易者参与交易，并且开放式集合竞价将增加市场的信息含量，所以才有开放式集合竞价的波动率较低的结论。事实上，李平和曾勇（2006）还指出，虽然开放式集合竞价中的噪声交易者会带来负面影响，但同时会吸引更多的知情交易者参与交易，导致市场的信息含量增加，最终可能使开放式集合竞价的波动率更小。因此，若从信息含量的角度去解释价格的波动率，那么本书的结论与李平和曾勇（2006）的研究结果并不冲突。

图 3-6 显示了两种集合竞价机制在波动率方面的差异（$\sigma_o - \sigma_c$）情况。显然，随着知情交易者比例的增大或者私人信息精度（η）的增加，两种交易机制在价格波动率方面的差异逐渐减小。同样，可以从信息含量差异的角度解释这种现象。例如，当私人信息的精度较高时，根据式 $\eta_{\theta 3}$ 的表达式可知，参与封闭式集合竞价的不知情交易者通过价格函数（价格确定机制）得知的信息精度也较高，进而间接导致进入封闭式集合竞价市场的信息含量增加。此时，开放式集合竞价的优势将减弱，即两种集合竞价机制在波动率方面的差异会减小。

3.3 集合竞价的匹配算法

目前，关于集合竞价匹配算法的研究主要以交易者只能交易一个单位的物品为基础。最早，Vickrey（1861）基于不完全信息下的博弈理论研究了拍卖市场，在假定交易者的估值服从独立的均匀分布并且事先知道交易者的风险偏好的情况下，通过使期望效用最大找到了交易者的最优报价，即成交价。但是，他只考虑市场上存在一个卖方，只有一个不可分割的物品待交易的简单情形，并且没有考虑交易者的预算约束和个体理性。

因此，交易者有隐藏真实报价的动机，使买卖双方错过交易的机会。

Wilson（1985），Satterthwaite & Williams（1989）将研究的市场扩大到多个卖方和买方的情形，假定每个卖方有一个单位的物品要卖掉，每个买方也只能购买一个单位的物品，按照所有交易者的买卖报价确定一个市场出清价格 $kb+(1-k)a$（其中，$[a,b]$ 为市场出清价格所在的区间），该交易机制被称为 k-DA。通过对该机制下交易者的报价行为进行博弈分析发现，在不知道其他参与人的信息的情况下，交易者有操纵价格的动机，并且交易者知道的信息越少，价格偏离均衡越严重。因此，该交易机制的缺点是事前无效率，需要一种激励机制诱导交易者报出真实的估值。

对于物品的价值是私人信息的情况，Hagerty & Rogerson（1987）提出了固定价格交易机制（Posted-price Mechanism），研究发现该交易机制是唯一一个使每个交易者都有占优策略的交易机制。McAfee（1992）研究了在市场上存在多个买方和卖方的情况下封标第二价格双向拍卖，假设该市场中的每个交易者最多只能交易一个单位的物品，在不需要预先知道买方和卖方估计值分布的情况下，买方和卖方的占优策略就是真实地报出各自的估计值，成交价为第一次出现没有成交的买卖报价的中间价。Wurman，Walsh & Wellman（1998）考虑了 k-DA 交易机制的极端情况（$k \in \{0,1\}$），提出了 Mth-price 和 (M+1)st-price 的成交规则，并进行了激励相容性分析，发现该交易规则分别对买方和卖方都满足激励相容性，但是同时考虑买卖双方的情况，激励相容性并不满足，在多单位的市场上也不成立。

Yoon（2001）修正了 Vickrey 双向拍卖模型，通过引入参与阶段分析了交易者的决策行为，发现交易者申报真实的估计值是唯一的占优策略，并且证明了在上述所有交易机制中该价格确定方式是唯一一个充分有效的形式。Arifovic & Ledyard（2003）将该算法应用到集合竞价市场，产生了封闭式竞价市场（Sealed-bid Call Market，SCM），并且采用实验的方法验证了它的有效性。

最近几年，市场发展迅速，特别是在自动化的竞价市场，交易者的供给和需求不止一个单位，若将上述价格确定方式直接移植到多单位的市场中，原有的激励相容性、价格有效性等是否仍存在需要重新检验还不得而知，并且，现有的对多单位集合竞价市场的价格确定方法的研究还比较少。Kalagnanam，Davenport & Lee（2001），Huang，Scheller-Wolf & Sycara（2002）以线性规划为基础研究了多单位的双向拍卖问题，假定每个买方可以直接与任意一个卖方交易，为了出清市场，建议一种以时间为熵的分配算法。由于本算法要求构造买卖曲线，所以交易者人数比较多的时候难以实现。

Liu & Whinston（2003）以线性规划为基础，将 k-DA 的价格确定方式引入多单位的双向拍卖，产生了一种 GVDA 交易机制，并且证明该交易机制对买卖双方来说满足激励相容约束和个体理性原则。由于 k-DA 是一种事前无效率的交易机制，特别是在参与交易的人数较多，交易者提交的数量不确定的情况下，交易者通过提交策略操纵价格的可能性增大，并且交易者的申报不能成交的风险增大，从而导致价格的效率降低，价格的收敛速度减慢。因为集合竞价通常用于产生开盘价和收盘价，而这两个价格又是非常重要的参考价，所以有必要引入一种新的匹配方法，使得产生的价格具有更高的效率、更强的代表性。

3.3.1 Min-Max 算法设计

在集合竞价中，假设有 m 个买者和 n 个卖者（m，$n>1$），每次只能提交一个报价和想要交易的数量，令第 i 个买者的报价为 p_i^B，要买的数量为 X_i，第 j 个卖者的报价为 p_j^S，要卖的数量为 Y_j，报价和申报的数量都是公共信息。不失一般性，假设：

$$p_1^B \geqslant p_2^B \geqslant \cdots \geqslant p_m^B,$$

$$p_1^S \leqslant p_2^S \leqslant \cdots \leqslant p_n^S,$$

$$p_1^B \geqslant p_1^S,$$

令 q_i、q_j 分别为买者 i 和卖者 j 在成交价 p 时的成交量，在交易发生后，买者 i 和卖者 j 的社会剩余分别为

$$\begin{cases} Ub_i = \left(p_i^B - p\right)q_i \\ Us_j = \left(p - p_j^S\right)q_j \end{cases} \tag{3-35}$$

总的社会剩余为

$$U = \sum_{i=1}^{m} p_i^B q_i - p\sum_{i=1}^{m} q_i + p\sum_{j=1}^{n} q_j - \sum_{j=1}^{n} p_j^S q_j \tag{3-36}$$

为此，可建立下列线性规划：

$$\max \quad \sum_{i=1}^{m} p_i^B q_i - p\sum_{i=1}^{m} q_i + p\sum_{j=1}^{n} q_j - \sum_{j=1}^{n} p_j^S q_j$$
$$S.T. \qquad q_i \leqslant X_i \tag{3-37}$$
$$q_j \leqslant Y_j$$
$$q_i, q_j \geqslant 0$$

其中，方程中的约束条件表示交易量为非负并且不超过申报量。因为买方交易量等于卖方交易量，所以等式 $\sum_{i=1}^{m} q_i = \sum_{j=1}^{n} q_j$ 成立。因此，式（3-37）等价于式（3-38）。

$$\max \quad \sum_{i=1}^{m} p_i^B q_i - \sum_{j=1}^{n} p_j^S q_j$$
$$S.T. \quad q_i \leqslant X_i \tag{3-38}$$
$$q_j \leqslant Y_j$$
$$q_i, q_j \geqslant 0$$

假设式（3-38）的可行解为 $A = \left\{(k,r) \big| q(k,r)\right\}$，其中，$q(k,r) = (q_1^B, q_2^B, \cdots, q_k^B, 0, \cdots, 0; q_1^S, q_2^S, \cdots, q_r^S, 0 \cdots, 0)$。

据此，我们可以定义最大交易量。

定义：如果存在 $\left(k^*, r^*\right)$ 满足式（3-39），那么称 $q^*\left(k^*, r^*\right)$ 为最大成交量。

$$q^*\left(k^*, r^*\right) = \max_{(k,r) \in A} \min \left\{\sum_{i=1}^{k} q_i^B, \sum_{j=1}^{r} q_j^S\right\} \tag{3-39}$$

如果有多个 (k^*, r^*) 使得 q^* 最大，不妨设 $q_1^*(k_1, r_1), q_2^*(k_2, r_2), \cdots, q_s^*(k_s, r_s)$，$B = \{(k_1, r_1), (k_2, r_2), \cdots, (k_s, r_s)\}$，那么我们寻找一个 q_i^*（不妨假设 q_i^* 与 (k, r) 对应）使之满足式（3-40）：

$$\min_{(k_n, r_n) \in B} \left| \sum_{i=1}^{k_n} X_i - \sum_{j=1}^{r_n} Y_j \right| \tag{3-40}$$

式（3-40）表示剩余量最小[①]。如果 $q_i^*(k, r)$ 满足式（3-40），那么我们定义以下 4 个规则。

规则 3-1：如果 $\sum\limits_{i=1}^{k} X_i \geqslant \sum\limits_{j=1}^{r} Y_j$，$p_k^B < p_{r+1}^S$，那么 $q_i = X_i$，$q_j = Y_j$，其中，$i = 1, 2, \cdots, k-1$，$j = 1, 2, \cdots, r$，$X_k^B = q_i^* - \sum\limits_{i=1}^{k-1} X_i$，$q_i, q_j = 0$，$i = k+1, \cdots, m$，$j = r+1, \cdots, n$，成交价格为

$$p_o = \frac{\min\left(p_k^B, p_{r+1}^S\right) + \max\left(p_{k+1}^B, p_r^S\right)}{2} \tag{3-41}$$

根据式（3-41），如果前 k 个买方累加的申报数量大于前 r 个卖方累加的申报数量，并且第 k 个买方报价比第 $(r+1)$ 个卖方报价低，那么前 $(k-1)$ 个买方和前 r 个卖方都成交，成交量为买卖双方的申报数量，第 k 个买方只有部分成交。并且，成交价 p_o 满足：

$$p_o \in \left[\max\left(p_{k+1}^B, p_r^S\right), \min\left(p_k^B, p_{r+1}^S\right)\right] \subset \left[p_r^S, p_k^B\right] \tag{3-42}$$

式（3-42）表明市场上买卖双方的报价都会影响成交价，如果某一方的估值不准确，报价极度就会偏离真实价值。如果采用 k-DA 的交易机制就会使成交价偏离均衡价，收敛速度很慢。为了防止成交价受买卖双方中某一方报价的过度影响，将成交价做如下调整：

因 $\min\left(p_k^B, p_{r+1}^S\right) \leqslant p_k^B$，所以，用 $\min\left(p_k^B, p_{r+1}^S\right)$ 代替 p_k^B 可以减少成交价受买方过高估值的影响，对买方有利。同样地，因 $\max\left(p_{k+1}^B, p_r^S\right) \geqslant p_r^S$，用 $\max\left(p_{k+1}^B, p_r^S\right)$ 代替 p_r^S 可以减少成交价受卖方过低估值的影响，对卖方有利。综合这两方面，将两者平均就得到 p_o。

[①] 在某一价位上的剩余量的定义为：在该价位上累积的购买数量减去累积卖出数量。

Arifovic & Ledyard（2003）用实验验证了 p_o 为威尔逊均衡价[1]，并且发现在市场透明度不高的情况下，由这种匹配规则产生的成交价也会快速收敛到均衡价格。采用同样的方法，我们构造规则3-2、规则3-3、规则3-4。

规则3-2：如果 $\sum_{i=1}^{k} X_i \geqslant \sum_{j=1}^{r} Y_j, p_k^B = p_{r+1}^S$，那么 $q_i = X_i$，$q_j = Y_j$，其中 $i = 1,2,\cdots,k-1$，$j = 1,2,\cdots,r$，$Y_{r+1}^S = \min\left(\sum_{i=1}^{k} X_i - q_i^*, Y_{r+1}\right)$，$X_k^B = q_i^* - \sum_{i=1}^{k-1} X_i + Y_{r+1}^S$，$q_i, q_j = 0$，$i = k+1,\cdots,m$，$j = r+1,\cdots,n$，成交价格为

$$p_o = \frac{\min\left(p_k^B, p_{r+2}^S\right) + \max\left(p_{k+1}^B, p_{r+1}^S\right)}{2} \qquad (3-43)$$

规则3-3：如果 $\sum_{i=1}^{k} X_i < \sum_{j=1}^{r} Y_j, p_{k+1}^B < p_r^S$，那么，$q_i = X_i$，$q_j = Y_j$，其中，$i = 1,2,\cdots,k$，$j = 1,2,\cdots,r-1$，$Y_r^S = \sum_{j=1}^{r} Y_j - q_i^*$，$q_i, q_j = 0$，$i = k+1,\cdots,m$，$j = r+1,\cdots,n$，成交价格为

$$p_o = \frac{\min\left(p_k^B, p_{r+1}^S\right) + \max\left(p_{k+1}^B, p_r^S\right)}{2} \qquad (3-44)$$

规则3-4：如果 $\sum_{i=1}^{k} X_i < \sum_{j=1}^{r} Y_j, p_{k+1}^B = p_r^S$，那么 $q_i = X_i$，$q_j = Y_j$，其中，$i = 1,2,\cdots,k$，$j = 1,2,\cdots,r-1$，$X_{k+1}^B = \min\left(\sum_{j=1}^{r} Y_j - q_i^*, X_{k+1}\right)$，$Y_{r+1}^S = q_i^* - \sum_{j=1}^{r-1} Y_j + X_{k+1}^B$，$q_i, q_j = 0$，$i = k+2,\cdots,m$，$j = r+1,\cdots,n$，成交价格为

$$p_o = \frac{\min\left(p_{k+1}^B, p_{r+1}^S\right) + \max\left(p_{k+2}^B, p_r^S\right)}{2} \qquad (3-45)$$

如果有多个 $q_i^*(k,r)$ 满足式（3-40），那么根据以上规则就会产生多

---

[1] 卖方的订单越多，报价越低。根据报价的调整，成交价不断地变化，最后收敛到一个稳定的价格，称为威尔逊均衡价。

个成交价。因此，为了减小成交后的市场压力，我们采用以下方法缩小成交价的范围。不妨设 $q_1^*(k_1,r_1),q_2^*(k_2,r_2),\cdots,q_m^*(k_m,r_m)$ 都满足式（3-40），根据上述规则产生的几个成交价分别为 $p_1,p_2,\cdots,p_m$。在这 m 个价位上的剩余量分别为 $S_1=\sum_{i=1}^{k_1}X_i-\sum_{j=1}^{r_1}Y_j,S_2=\sum_{i=1}^{k_2}X_i-\sum_{j=1}^{r_2}Y_j,\cdots,S_m=\sum_{i=1}^{k_m}X_i-\sum_{j=1}^{r_m}Y_j$。

如果 $S_i>0$，$i=1,2,\cdots,m$，说明买方的订单未能全部成交，市场压力在买方，那么成交价为 $p=\max(p_1,p_2,\cdots,p_m)$；如果 $S_i<0$，$i=1,2,\cdots,m$，说明卖方的订单未能全部成交，市场压力在卖方，那么成交价为 $p=\min(p_1,p_2,\cdots,p_m)$；如果存在 $S_i>0$，$S_{-i}<0$，$i=1,2,\cdots,m$，说明买方和卖方的市场压力同时存在，那么成交价为 $p_1,p_2,\cdots,p_m$ 中离当前成交价最近的一个。

3.3.2 交易者的占优策略分析

集合竞价的价格确定是一个多个买单和多个卖单之间的匹配过程，在给定价格确定方式的情况下，交易者提交到"暗箱"中的订单形式也就决定了成交价格的性质，成交价格的大小和数量又关系每个交易者的收益。因此，在不能确定是否能够成交及真实的成交价格（如果订单被执行）的情况下，每个交易者必然提交对自己最有利的订单。Friedman（1993）的研究表明，在多单位的双向拍卖市场，交易者相互博弈的结果是：每个交易者关于保留价格说实话是占优策略。对于投机者来说，他们参与交易的动机是什么呢？由供需曲线可知，在买卖价格交叉之前的某一个价位上，如果有一方的订单总数量发生改变，可导致交叉点（即可能的成交价）发生改变，那么在价格不确定的情况下，交易者有通过调整申报数量得到对自己最有利的成交价的动机。例如，买方提交大的买单、卖方提交小的卖单都会使成交价上升。下面对 Min-Max 价格确定方式下交易者的这种策略行为能否实现进行分析。

买卖报价的假设如前所述，由最优化算出的最优匹配量不妨设为
$$\sum_{i=1}^{k-1}X_i<q_i^*\leqslant\sum_{i=1}^{k}X_i,\quad\sum_{j=1}^{k-1}Y_j<q_i^*\leqslant\sum_{j=1}^{k}Y_j。$$

根据交易规则，成交价为 $p_o = \dfrac{\min\left(p_k^B, p_{k+1}^S\right) + \max\left(p_{k+1}^B, p_k^S\right)}{2}$。

卖方 1 的社会剩余为 $u_1 = \left(p_o - p_1^S\right) Y_1$。

如果有一个卖者想通过低报数量改变成交价，不失一般性，设卖者 1 低报 ε，而其他的买卖报价和数量都不变，那么最优匹配数量为

$$q^{**} = q^* - \varepsilon \qquad (3-46)$$

如果 $\displaystyle\sum_{i=1}^{k-1} X_i < q^{**} \leq \sum_{i=1}^{k} X_i$ 且 $\displaystyle\sum_{j=1}^{k-1} Y_j < q^{**} \leq \sum_{j=1}^{k} Y_j$，那么成交价为 p_o，卖者 1 的社会剩余为 $u_1' = \left(p_o - p_1^S\right) Y_1 - \varepsilon$。与 u_1 相比，卖方 1 的社会剩余减小。

如果 $\displaystyle\sum_{i=1}^{k-2} X_i < q^{**} \leq \sum_{i=1}^{k-1} X_i$ 且 $\displaystyle\sum_{j=1}^{k-1} Y_j < q^{**} \leq \sum_{j=1}^{k} Y_j$，则成交价为

$$p_o'' = \frac{\min\left(p_{k-1}^B, p_{k+1}^S\right) + \max\left(p_k^B, p_k^S\right)}{2} \qquad (3-47)$$

因此，卖者 1 的社会剩余为 $u_1'' = \left(p_o'' - p_1^S\right) Y_1 - \varepsilon$。通过比较 u_1 与 u_1''，我们得到以下结论：

① 当 $p_k^B > p_{k+1}^S$，$p_{k+1}^B > p_k^S$ 时，有

$$\begin{cases} p_o'' - p_o = \dfrac{1}{2}\left(p_k^B - p_{k+1}^S\right) \geq 0 \\[2mm] u_1'' - u_1 = \dfrac{1}{2}\left(p_k^B - p_{k+1}^S\right) Y_1 - \dfrac{1}{2}\left(p_{k+1}^B + p_{k+1}^S - 2p_1^S\right)\varepsilon \end{cases} \qquad (3-48)$$

不等式 $u_1'' \geq u_1$ 成立的条件是 $\varepsilon \leq \left(p_k^B - p_{k+1}^B\right) Y_1 \big/ \left(p_{k+1}^B + p_{k+1}^S - 2p_1^S\right)$。

这表明交易者低报的数量小于式（3-49）时，交易者可以在社会剩余不变的情况下通过低报数量达到操纵价格的目的。否则，交易者的社会剩余减小。

$$\left(p_k^B - p_{k+1}^B\right) Y_1 \big/ \left(p_{k+1}^B + p_{k+1}^S - 2p_1^S\right) \qquad (3-49)$$

② 当 $p_k^B > p_{k+1}^S$，$p_{k+1}^B < p_k^S$ 时，有

$$\begin{cases} p_o^{''} - p_o = \dfrac{1}{2}\left(p_k^B - p_k^S\right) \geq 0 \\ u_1^{''} - u_1 = \dfrac{1}{2}\left(p_k^B - p_k^S\right)Y_1 - \dfrac{1}{2}\left(p_k^B + p_{k+1}^S - 2p_1^S\right)\varepsilon \end{cases} \qquad (3-50)$$

由 $u_1^{''} \geq u_1$ 得到价格被操纵的条件是：$\varepsilon \leq \left(p_k^B - p_k^S\right)Y_1 \big/ \left(p_k^B + p_{k+1}^S - 2p_1^S\right)$。

③ 当 $p_k^B < p_{k+1}^S$，$p_{k+1}^B > p_k^S$，$p_{k-1}^B > p_{k+1}^S$ 时，有

$$p_o^{''} - p_o = \frac{1}{2}\left(p_{k+1}^S - p_{k+1}^B\right) < 0 \qquad (3-51)$$

显然，成交价格下降。此时，不可能操纵价格。

④ 当 $p_k^B < p_{k+1}^S$，$p_{k+1}^B > p_k^S$，$p_{k-1}^B < p_{k+1}^S$ 时，价格被操纵的条件是

$$\varepsilon \leq \left(p_{k-1}^B - p_{k+1}^B\right)Y_1 \big/ \left(p_k^B + p_{k-1}^B - 2p_1^S\right) \qquad (3-52)$$

⑤ 当 $p_k^B < p_{k+1}^S$，$p_{k+1}^B < p_k^S$，$p_{k-1}^B > p_{k+1}^S$ 时，价格被操纵的条件是

$$\varepsilon \leq \left(p_{k+1}^S - p_k^S\right)Y_1 \big/ \left(p_k^B + p_{k+1}^B - 2p_1^S\right) \qquad (3-53)$$

⑥ 当 $p_k^B < p_{k+1}^S$，$p_{k+1}^B < p_k^S$，$p_{k-1}^B < p_{k+1}^S$ 时，价格被操纵的条件是

$$\varepsilon \leq \left(p_{k-1}^B - p_k^S\right)Y_1 \big/ \left(p_k^B + p_{k-1}^B - 2p_1^S\right) \qquad (3-54)$$

如果 $\displaystyle\sum_{i=1}^{k-1} X_i < q^* \leq \sum_{i=1}^{k} X_i$，$\displaystyle\sum_{j=1}^{k-2} Y_j < q^* \leq \sum_{j=1}^{k-1} Y_j$，则成交价为

$$p_o^* = \frac{\min\left\{p_k^B, p_k^S\right\} + \max\left\{p_{k+1}^B, p_{k-1}^S\right\}}{2} \qquad (3-55)$$

卖者 1 的消费者剩余由 $u_1 = \left(p_o - p_1^S\right)Y_1$ 变为 $u_1^* = \left(p_o^* - p_1^S\right)Y_1 - \varepsilon$，是否能够通过低报数量达到操纵开盘价的目的，同样的讨论类似于第 2 种情况。如果满足下面的条件，那么可以得到类似的结果，即 $\displaystyle\sum_{i=1}^{k-2} X_i < q^* \leq \sum_{i=1}^{k-1} X_i$，$\displaystyle\sum_{j=1}^{k-2} Y_j < q^* \leq \sum_{j=1}^{k-1} Y_j$。

综合以上几种情况可以看出，只有当交易者低报的数量低于一定范围

的时候，交易者才能够成功地操纵价格。以式（3-48）为例，我们得到 $\varepsilon \leqslant \left(p_k^B - p_{k+1}^B\right)Y_1 \big/ \left(p_{k+1}^B + p_{k+1}^S - 2p_1^S\right)$。可以改写为

$$\varepsilon \leqslant \left(p_k^B - p_{k+1}^B\right)Y_1 \big/ \left(p_{k+1}^B + p_{k+1}^S - 2p_1^S\right) \leqslant \left(p_k^B - p_{k+1}^B\right)Y_1 \big/ \left(p_k^S - p_1^S + p_{k+1}^S - p_1^S\right)。$$

显然，要使成交价格偏离 p_1^S 较大（成交价由 p_k^B、p_{k+1}^B、p_k^S 和 p_{k+1}^S 共同决定）的充分条件是 ε 要充分小，又因为较小的成交量使得社会剩余较小，所以交易者操纵价格的风险较大，即使能够操纵成功，也只能使得价格发生微小的改变。

3.3.3 Min-Max 算法与 k-DA 的比较

k-DA 是一种特殊的交易机制，自从被提出以来得到了广泛的理论研究。一般地，假设有 m 个买方和 m 个卖方（ $m \geqslant 2$ ），每个交易者都是风险中性的。在交易开始的时候，每个交易者提供一个报价，这些报价是交易者对物品估值的函数。然后，将这些报价按照从小到大的顺序排列。$S(1) \leqslant S(2) \leqslant \cdots \leqslant S(2m)$，其中，$S(j)$ 是 $2m$ 个报价中的第 j 个最小的报价。最后，成交价被定义为以下形式。

$p = (1-k)S_m + kS_{m+1}$，其中，$k \in [0,1]$。报价大于 p 的买方、小于 p 的卖方都成交，至少有一方出清。通过比较 Min-Max 和 k-DA，我们发现以下结论。

命题 3-8：采用 Min-Max 交易机制比 k-DA 得到更大的社会剩余。

证明：假设买卖报价序列分别为 $p_1^B \geqslant p_2^B \geqslant \cdots \geqslant p_m^B$，$p_1^S \leqslant p_2^S \leqslant \cdots \leqslant p_n^S$，$p_1^B \geqslant p_1^S$（为了保证至少有一个成交），报价 p_i^B 上的订单数量为 X_i，报价 p_j^S 上的订单数量为 Y_j。

比较 p_i^B 与 p_i^S 得到，存在正整数 r 和 k（至少 $r = k = 1$）使得 $p_r^B \geqslant p_k^S$ 和 $p_{r+1}^B < p_{k+1}^S$。

不妨设 $\sum_{i=1}^{r} X_i \leqslant \sum_{j=1}^{k} Y_j$ 且 $\sum_{i=1}^{r+1} X_i > \sum_{j=1}^{r+1} Y_j$（否则找到 k' 满足此式，并且 $k' < k$），根据 k-DA 交易机制，成交价为

$$p_o = kp_r^B + (1-k)p_k^S \tag{3-56}$$

取 $k = 1/2$ ，得

$$p_o = (p_r^B + p_k^S)/2 \qquad (3\text{-}57)$$

同时，可得成交量为 $\sum_{i=1}^{r} X_i$ 。于是，由此算出的社会剩余为

$$\sum_{i=1}^{r} p_i^B X_i - \sum_{j=1}^{k-1} p_j^S Y_j - p_k^S (\sum_{i=1}^{r} X_i - \sum_{j=1}^{k-1} Y_j)$$
$$= \sum_{i=1}^{r} p_i^B X_i - \sum_{j=1}^{k} p_j^S Y_j + p_k^S (\sum_{j=1}^{k} Y_j - \sum_{i=1}^{r} X_i) \qquad (3\text{-}58)$$

根据 Min-Max 交易机制，$X_1, X_2, \cdots, X_r$ 是一个可行解，但不是最优解。因为若 $p_{r+1}^B > p_k^S$ ，可以证明 $Y_1, Y_2, \cdots, Y_k$ 为最优解，故成交价为

$$p_o = \frac{\min(p_{r+1}^B, p_{k+1}^S) + \max(p_k^S, p_{r+2}^B)}{2} \qquad (3\text{-}59)$$

社会剩余为

$$\sum_{i=1}^{r} p_i^B X_i - \sum_{j=1}^{k} p_j^S Y_j + p_{r+1}^B (\sum_{j=1}^{k} Y_j - \sum_{i=1}^{r} X_i) \qquad (3\text{-}60)$$

根据 $p_{r+1}^B > p_k^S$ 和 $\sum_{i=1}^{r} X_i \leqslant \sum_{j=1}^{k} Y_j$ ，有不等式（3-61）成立：

$$p_{r+1}^B (\sum_{j=1}^{k} Y_j - \sum_{i=1}^{r} X_i) > p_k^S (\sum_{j=1}^{k} Y_j - \sum_{i=1}^{r} X_i) \qquad (3\text{-}61)$$

由式（3-59）、（3-60）和（3-61）可知，采用 Min-Max 算出的社会剩余较大。

3.4 本章小结

　　首先，本章在理性预期框架下研究了订单集合过程中信息对价格形成的影响。通过分析知情交易者和不知情交易者在集合竞价过程中的订单提交策略，推导出开放式与封闭式集合竞价的均衡价格模型。与现有文献不同的是，本书同时考虑了虚拟成交价、虚拟匹配量和未匹配量在开放式集

合竞价过程中的作用，比较研究了开放式集合竞价与封闭式集合竞价在私人信息揭示、市场深度、价格波动性方面的差异。研究结论表明，无论是开放式还是封闭式集合竞价，所产生的成交价格都是风险资产的无偏估计量，并且随着知情交易者比例的增大，私人信息揭示的程度和市场深度都会增加，价格波动率会减小。与封闭式集合竞价相比，开放式集合竞价对私人信息的揭示程度更大，并且具有更好的市场深度和更低的价格波动率，但两种机制之间的差异会随着知情交易者比例的增大而减小。因此，增加集合竞价市场效率的两种方式是增大知情交易者的比例或者通过采用开放式集合竞价的方式提高市场的透明度。显然，采用开放式集合竞价的方式更容易在证券市场的实践中付诸实施。更为重要的是，市场透明度的提高也间接增大了知情交易者的比例，从而使开放式集合竞价的价格发现变得更有效率。

其次，本章把修正的 Vickrey 双向拍卖模型引入多单位的竞价市场，同时引入最小剩余量原则、市场压力原则和参考价格原则，构建了一种和标准四原则基本一致的价格确定方式。通过分析交易者在这种价格确定方式下的策略行为，本书发现在这种价格确定方式下交易者通过操纵价格获利几乎是不可能的。最后，将这种价格形成方式和 k-DA 相比较，发现基于 Min-Max 的价格形成方式在社会剩余方面优于 k-DA。因此，基于 Min-Max 的价格形成方式能够减少集合竞价期间市场的操纵行为，提高价格的信息效率，从整体上增加交易者的收益。

第4章
开盘竞价透明度对市场的影响

　　根据第一、二章的介绍，集合竞价具有结算程序非常简便、交易成本较低、大额订单对市场的负面影响较小、成交量较大、价格发现效率较高等方面的优点。因此，集合竞价比较适用于开盘、收盘和交易不活跃的股票（Economicles & Schwartz，1995；Handa & Schwartz，1996）。目前，许多证券市场的开盘价和收盘价都是由集合竞价决定的。中国股票市场最初采用封闭式集合竞价开盘，于 2006 年 7 月 1 日将开盘竞价的透明度增加，交易者在集合过程中可以观察到虚拟开盘参考价、虚拟匹配量等市场信息。由第三章关于开放式集合竞价的理论研究结论可知，在订单集合过程中，透明度提高会影响市场流动性、价格波动性，并且透明度改变前后市场流动性、价格波动性的差异随着市场上知情交易者比例的增大而减小。就中国股票市场开盘阶段的投资者结构而言，透明度对交易行为产生了什么样的影响？市场流动性和价格波动性的变化是否和理论预期的一致？

在中国股票市场，开盘和前一个交易日的收盘之间为非交易时段，在此期间新的信息可能产生并且被累加，从 9:15 开始提交订单后，这些新的信息才可能被包含到订单中。根据 Kyle（1985）的模型，如果交易发生一次，那么将有一半的私人信息被包含到成交价中。若采用封闭式集合竞价开盘，开盘后不知情交易者可能面临具有私人信息的知情交易者。如果买方报价比真实价值高，知情交易者将提交卖方报价，价格下降。如果买方报价比真实价值低，知情交易者将通过提交更高的买方报价赢利，使得价格上升。因此，在开盘附近的信息交易纠正了定价误差，价格变化逐渐减小。如果采用开放式集合竞价开盘，买卖盘信息和指示性价格的即时揭示则有可能吸引不知情交易者参与。如果指示性价格的信息含量低，不知情交易者的参与就可能导致更大的波动性，更低的价格效率。否则，其他的知情交易者可以根据指示性价格中包含的信息修正自己的最初看法，再次参加交易，形成新的成交价，开盘价的定价误差将减小。2006 年 7 月 1 日，股票市场开盘竞价透明度提高有没有吸引交易者参与交易？如果吸引了交易者，吸引的是噪声交易者还是知情交易者？本章将采用事件研究法从流动性和波动性两个方面对此进行检验。

4.1 研究设计

4.1.1 研究方法

经济学家在测量某一类经济事件对企业价值产生的影响时，通常采用事件研究的方法。它的有用性来源于以下事实：在理性的市场，某一事件的影响会很快在资产价格上反映出来。因此，利用相对短暂的一段时间内观察到的资产价格就可以度量事件的经济影响。

事件研究法应用范围非常广泛。例如，在会计和金融学领域，事件研究已经被应用到兼并与收购、收益公告、新发行的债券或股票以及贸易赤字等经济事件中。在涉及法律赔偿的问题中，也采用事件研究评估某种行为对客体所造成的损失。在大多数应用中，事件研究主要集中在研究事件对公司的某一类证券价格带来的影响，通常是指对普通股的影响。直到今天，事件研究的应用已有相当长的历史。最早，Dolley（1933）通过观察股票拆股对价格产生的影响，提出了事件研究的方法。在 20 世纪 30 年代早期至 60 年代末，Myers & Bakay（1948），Ashley（1962）等不断地对此进行研究和改进。Ball & Brown（1968），Fama, Fisher, Jensen, et al.（1969）对其进行了完善，形成了我们当今主要使用的研究方法。

事件研究法通过检验事件发生前后的市场行为与正常市场行为的差异，以此来考察事件的市场行为效应大小，具体过程可以通过以下五个步骤来实现。

（1）事件的定义

进行事件研究的第一步就是对重要事件进行定义（定义的事件通常是公司的有关信息，公司并购、盈利状况、重大经营情况等信息的发布），并确定对该事件涉及的公司的证券价格进行考察的时期，这一时期被称为事件窗(Event Window)。从理论的角度来看，重大信息在股票市场上扩散将会影响相关公司的股价变化，这一时间段就可设定为事件窗口。为了消除其他"噪声"信息对价格的影响，必须清楚界定涉及的相关事件及具体的发生时间。但在实际的研究过程中，设定事件窗口的长短存在着权衡关系。如果事件窗口期限较长，就可以最大限度地包括与此事件相关的所有信息，以及股价对信息的持续反应，但同时也可能带来较多的"噪声"信息（施东晖和傅浩，2002）。目前的学术研究一般将事件窗设为事件日前后的一个时间段。如果新信息的发布对市场而言是个"意外"，那么事件窗口可从事件日开始计算。如果相关信息已在市场中提前泄露，那么事件窗应从事件日之前数天甚至数周开始。如图 4-1 所示，$T=0$ 作为事件日，T_1 至 T_2 代表事件窗。

（2）选样标准

在事件研究中，研究样本的选择是很重要的。为此，要预先确定样本的选择标准，如包含样本数据可获取性的限制、行业限制等，并注意在样本选择过程中可能带来的有偏性（Campbell, Lo & Mackinlay, 1997；Mackinlay, 1997）。

（3）正常收益模型的选择

事件研究的目的是通过观测事件窗口的证券价格的异常变化来测量市场对该事件的反应，即测量非正常收益的大小，一般用事件窗中的事后收益减去正常收益来计算。而正常收益就是假定事件没有发生时观测到的收益率，为避免受到该事件对收益率的影响，通常在事件前窗估算（事件前窗是事件窗之前的一个时段，如图 4-1，T_0 至 T_1 代表事件前窗）。计算正常收益通常采用两种模型，即统计模型与经济模型。其中，统计模型以资产收益行为的统计假设为基础，不依赖于任何经济理论，而经济模型以有关投资者假设为基础，不依赖于统计假设。

（4）估计与检验异常收益

在选定用于估计正常收益的模型后，接下来就是对异常收益进行估计，即估计事件发生后的实际收益，一般用事件后窗（事件窗之后的一段时间，如图 4-1，T_2 至 T_3 代表事件后窗）内的数据进行估计。

计算出异常收益后，需要检验其显著性。通常情况下，零假设为：异常收益均值为零。检验的方法包括参数和非参数检验法（如符号检验法、秩检验法等）。

（5）实证结果与解释

通过上述步骤，我们可以得到实证结果，通过分析该结果了解事件对证券价格的影响。但是需要注意的是，在利用有限的观察数据进行事件研究时，实证结果可能较大程度地受到个别公司的影响。因此，在对实证结果进行解释时应特别谨慎。

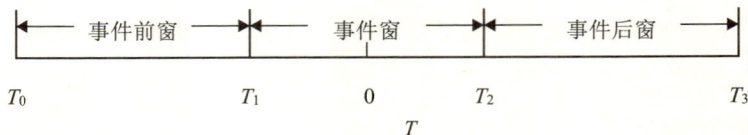

图 4-1　事件研究的时间轴

由上述事件研究的步骤可知，在事件研究中存在着选择问题，如事件窗的长度、样本、正常收益模型等。为了考察开盘竞价透明度提高这一事件对股票市场的影响，本章将采用如下的实证研究设计方法选择样本和事件窗的长度等。

本章采用事件研究的方法比较透明度提高这一事件发生前后市场流动性、波动性的差异。因事件日为 2006 年 7 月 1 日，故本书选取 2006 年 5 至 6 月为事件前窗，2006 年 7 至 8 月为事件后窗[①]。考虑到面板数据模型能够反映研究对象在时间和截面单元两个方向的变化规律，比较多只股票在开盘竞价透明度改变前后市场流动性、波动性的不同时，采用面板数据模型优于截面数据模型和时间序列模型。另外，采用面板数据模型还可以增加样本量，减弱解释变量多重共线性的影响，使得参数估计结果更有效。因此，在选择实证模型时，本书通过建立带虚拟变量的面板数据模型来研究开放式集合竞价对市场流动性、波动性的影响。

4.1.2 研究样本和数据

本章的数据来源于深圳市国泰安信息技术有限公司提供的中国股票市场高频交易数据库（CSMAR）及北京色诺芬信息服务有限公司提供的指数高频数据库（CCER 经济金融数据库），这两个数据库分别记录了每个交易日各只股票和指数的逐笔交易数据。由于本章的目的是分析 2006 年 7 月 1 日我国主板市场开盘竞价透明度提高对市场的影响，所以我们需要比较这一政策实施前后开盘竞价和连续竞价阶段市场行为的变化。因此，我们选取上海证券交易所 A 股股票的分笔交易数据，剔除在 2006 年 5 月 8 日到 2006 年 8 月 31 日间股本发生变动的股票，以及数据缺失、发生错误和开盘无交易的股票，最后剩余 236 只股票。本书实际所用的样本包括这 236 只股票从 5 月 1 日到 8 月 31 日共 69 个交易日的开盘交易数据和连续交易开始后 15 分钟内的每笔数据。因为有实证结果表明，流通市值大的股票，其交易量也大，并且信息交易也会导致交易量增大，而交易量和价格变化密切相关，所以为了分离个股自身交易活跃程度的影响，我们将 236 只股票按其流通市值大小分成三组：第一组为市值最大

---

① 为了消除季节效应，本文采用 2005 年 7 至 8 月和 2006 年 7 至 8 月的数据进行了实证分析，得到基本相同的结论。由于 2005 年和 2006 年股市行情差异较大，结果稍有不同。

组，为前 1/4 的股票；第二组为市值中间组，为中间一半的股票；第三组为市值最小组，为后 1/4 的股票。

4.2 开盘透明度与流动性

市场流动性是指投资者根据市场的基本供给和需求状况，以合理的价格迅速交易一定数量资产的能力。其衡量方法有很多种，根据 Harris（1990）提出的流动性四因素概念[①]，可以把衡量流动性的方法分为价格法、交易量法、价量结合法和时间法四种类型。基于价格衡量流动性的常用指标有买卖报价差、相对价差、有效价差等，买卖报价差也被称为买卖价差，衡量潜在的订单执行成本，有效价差衡量订单的实际执行成本。关于交易量法的常见指标有市场深度、成交深度等。市场深度是指报价深度，成交深度是指交易规模。因为基于价格的方法对交易规模不敏感，基于交易量的方法忽略了价格变化的影响，并且交易者不仅关心即时交易所支付的成本，还关心潜在的成交数量，所以价量结合法能够更全面地衡量市场流动性，其衡量指标有价格冲击模型和流动性比率等。从流动性的定义来看，流动性的一个重要因素就是交易的即时性。因此，交易执行时间也是衡量流动性的一个重要方法，其主要指标有交易执行时间、交易频率和弹性等[②]。考虑到集合竞价没有价差、数据获取受限等原因，本书采用交易者的参与积极性衡量集合竞价市场的流动性。交易者的参与积极性直接影响到订单的供给和需求，也是衡量市场流动性的一个常用指标。

2006 年 7 月 1 日之前，中国股票市场一直采用封闭式集合竞价开盘。刘逖和攀登（2002）采用上海证券交易所的交易数据检验了这种开盘方式对提单行为的影响，发现投资者参与开盘的积极性不高，在连续竞价开

[①] 流动性的四个因素包括宽度、深度、即时性和弹性。宽度是指交易价格偏离市场中间价格的程度，其衡量指标是买卖价差。深度是在不影响价格的条件下可能的成交量。从即时性的角度看，市场流动性好是指投资者一旦有交易的意愿，总能立即得到满足。弹性是指由于一定数量的交易导致价格偏离均衡水平后恢复到均衡价格的速度。

[②] 因为很难得到提交订单的准确时间，所以本文采用交易频率和弹性指标作为时间法的流动性衡量指标。

始后的短时间内交易比较集中。吴冲锋、冯芸、刘海龙（2003）对深圳股票市场流动性的研究发现，在封闭的集合竞价过程中，投资者得不到任何有关股票买卖的信息，观望情绪较为浓厚，对有关信息的认识必然存在较大的差异，从而导致集合竞价的成交量较小。开盘后不久，成交量突然放大。为了增强交易者参与开盘的信心，我国深圳中小企业板于2004年6月25日采用开放式集合竞价开盘。周锋（2004）采用中小企业板首月上市的股票和沪深主板市场的中小盘股票的交易数据，运用统计、模拟等方法比较了透明度不同的两种集合竞价机制的效率问题，得到开盘参考价可以为投资者参与开盘提供下单依据的结论。

现有研究表明，封闭式集合竞价市场的流动性较差，而集合竞价透明度的提高有可能增加市场流动性，也可能减少市场流动性。我国股票市场开盘竞价透明度提高后，交易者参与开盘的积极性是否得到提高，连续竞价阶段的市场流动性发生了怎样的变化，现有文献并没有结合市场流动性的多个具体指标进行实证检验。针对以上问题，本书首先对衡量市场流动性的四类指标进行定义，特别是对弹性指标进行了改进。然后运用上海证券交易所A股股票的交易数据，采用面板数据回归分析方法，检验了交易者参与开盘的积极性、连续竞价市场（连续竞价开始后15分钟）的买卖价差、市场深度、流动性比率和弹性的变化。

4.2.1 流动性的度量方法

在集合竞价阶段和连续竞价阶段，本章分别采用不同的度量流动性的指标，下面采用高频数据的形式对其以及相关变量重新定义。

在开盘集合竞价阶段，市场流动性以交易量的大小来衡量。交易量越大，说明交易者参与开盘的积极性越高。因此，本书以集合竞价成交量占一天总的交易量的比率作为衡量开盘阶段市场流动性的指标。其定义如下[①]：

[①] 本文根据 Oehler & Unser（1998）、周锋（2004）和 Aitken，Comerton-Forde & Frio（2005）的研究给出此定义。

$$V_{i,t} = Vol_{i,t}^o / Vol_{i,t} \qquad (4-1)$$

式中，$Vol_{i,t}^o$ 表示股票 i 在第 t 个交易日的开盘交易量，$Vol_{i,t}$ 表示股票 i 在第 t 个交易日的总交易量，$V_{i,t}$ 表示股票 i 在第 t 个交易日的开盘交易量占全天的比率。

在连续竞价市场，市场流动性是由限价订单提供的，没有成交的订单放在订单簿中。根据四类流动性指标的定义和订单簿的特征，本书对连续竞价阶段的买卖价差、市场深度①、流动性比率和弹性的定义分别如下。

（1）买卖价差

在竞价市场，买卖报价价差通常被定义为市场上未成交的有效订单的最优卖价和最优买价之间的差额，这两个价位反映了下一笔可能的实际成交价格，该差额也就衡量了潜在的订单执行成本，又被称为绝对买卖价差。由于买卖价差通常随价格发生变化，价格越高的股票价差越大，但是该股票的交易不一定不活跃，所以为使不同股票的价差具有可比性，本书用绝对买卖价差除以最优买卖价格的中点得到相对价差，衡量市场流动性。此外，有效价差反映订单的成交价和订单到达时买卖价差的中点之间的差额，以衡量订单的实际执行成本。于是，股票 i 在第 t 个交易日 m 时刻的绝对买卖价差、相对价差、有效价差的定义分别如下：

$$S_{i,t}^m = A_{i,t,1}^m - B_{i,t,1}^m \qquad (4-2)$$

$$RS_{i,t}^m = \frac{A_{i,t,1}^m - B_{i,t,1}^m}{\left(A_{i,t,1}^m + B_{i,t,1}^m\right)/2} \times 100\% \qquad (4-3)$$

$$ES_{i,t}^m = \left| P_{i,t}^m - \left(A_{i,t,1}^m + B_{i,t,1}^m\right)/2 \right| \qquad (4-4)$$

式中，$A_{i,t,1}^m$、$B_{i,t,1}^m$ 和 $P_{i,t}^m$ 分别表示股票 i 在第 t 个交易日 m 时刻的最优卖价、最优买价和成交价。

（2）市场深度

在连续竞价市场，市场深度通常是指在最优买卖报价上的订单数量。

① 对于价差和深度，本文采用 Chordia, Richard & Subrahmanyam（2000）的定义方法。

于是，股票 i 在第 t 个交易日 m 时刻的市场深度的计算方法为

$$dep_{i,t}^m = \left(S_{i,t,1}^m + D_{i,t,1}^m\right)\big/2 \qquad (4-5)$$

式中，$S_{i,t,1}^m$、$D_{i,t,1}^m$ 分别表示股票 i 在第 t 个交易日 m 时刻最优卖价、最优买价上的订单数量。

（3）流动性比率

为克服买卖价差和市场深度衡量流动性的不足，一些学者发展了价格和交易量结合衡量市场流动性的指标，如流动性比率和价格冲击模型等。其中流动性比率的基本原理是：若少量的交易引起的价格变化较大，则市场流动性较差；若大量的交易引起的价格变化较小，则市场流动性较好。考虑到流通股本的大小与其交易金额有密切关系，并且流通市值较大的股票的上市和停盘也会对整个市场的流动性产生冲击。因此，本书采用吴冲锋、冯芸、刘海龙（2003）度量流动性的方法定义流动性比率。

$$LM_{i,t}^m = \frac{\left|\ln p_{i,t}^m - \ln p_{i,t}^{m-1}\right|}{vol_{i,t}^m/N_i} \qquad (4-6)$$

式中，$p_{i,t}^m$ 是股票 i 在第 t 个交易日 m 时刻的成交价，$p_{i,t}^{m-1}$ 是股票 i 在第 t 个交易日 $m-1$ 时刻的成交价，$vol_{i,t}^m$ 是股票 i 在第 t 个交易日 m 时刻的成交量，N_i 是股票 i 的流通股数[①]。

（4）弹性

流动性的一个重要概念就是交易的即时性。因此，交易执行时间也是衡量流动性的一个重要方法。基于此，将弹性定义为从价格发生变化到恢复至均衡价格所需的时间，或者为订单簿中买单量与卖单量之间不平衡调整的速度。在连续竞价市场，刘海龙（2002），万树平（2006）将弹性定义为

$$RI(m) = \frac{\left|p(m,q) - p(m-\Delta m, q-\Delta q)\right|\big/p(m-\Delta m, q-\Delta q)}{T} \qquad (4-7)$$

① 因为本文选取样本期内股本没有发生变动的股票作为样本，故其下标和 t 没有关系。

式中，$p(m,q)$ 表示 m 时刻成交量为 q 的成交价，T 表示一笔交易发生后买卖价差恢复到交易前状态的时间。由于该定义并没有考虑价格水平，即使价差恢复到原来的状态，恢复前后的交易价格可能相差很大，为使不同的股票具有可比性，本书对式（4-7）进行改进，定义弹性为由交易引起的波动与该时刻最优买卖报价的中点恢复时间之比，股票 i 在第 t 个交易日 m 时刻的弹性表示为

$$RI_{i,t}^m = \frac{\left| p_{i,t}^m - M_{i,t}^{m-1} \right| / M_{i,t}^{m-1}}{t_{i,t}^m} \qquad （4-8）$$

式中，$M_{i,t}^{m-1} = \left(A_{i,t,1}^{m-1} + B_{i,t,1}^{m-1} \right)/2$；$t_{i,t}^m$ 是最优买卖报价的中点价格恢复的时间，其计算方法是：若 m 时刻之后的一个交易日内第 k 时刻的最优买卖报价中点 $\left(A_{i,t,1}^k + B_{i,t,1}^k \right)/2$ 首次达到和 $M_{i,t}^{m-1}$ 相等（若最优报价中点达不到相等，则取首次达到和 $M_{i,t}^{m-1}$ 最靠近的时刻），则第 m 时刻交易发生后恢复时间为 $k-m$。

此外，我们还引入了已实现波动率[1]、交易量和成交价作为控制变量，其定义如表 4-1 所示。

表 4-1　变量说明

变　量	符　号	定　义
开盘收益率	$R_{i,t}^o$	$\ln\, p_{i,t}^o - \ln p_{i,t-1}^c$
已实现波动率	$Rv_{i,t}$	$\left(\sum\limits_{l=1}^{n} R_{i,t,l}^2 + 2\sum\limits_{l=2}^{n} R_{i,t,l} R_{i,t,l-1} \right)^{\frac{1}{2}}$
交易量	$Vol_{i,t}$	连续交易开始后 15 分钟内总的交易量
成交价	$p_{i,t}$	连续交易开始后 15 分钟内平均成交价

注：$p_{i,t}^o$ 表示股票 i 在第 t 个交易日的开盘成交价；$p_{i,t-1}^c$ 表示股票 i 在第 $t-1$ 个交易日的收盘价；$R_{i,t,l} = \ln p_{i,t,l} - \ln p_{i,t,l-1}$；$n$ 表示连续交易 15 分钟内的总交易笔数。

---

[1] 在高频数据中，一般运用已实现波动率（Realized Volatility）来衡量股票价格的波动水平，为了减小测量误差并且消除市场微观结构因素的影响，本文结合 Zhou（1996）的修正方法，对连续竞价市场的波动率进行计算。

4.2.2 描述性统计分析

运用上述定义，分别计算每只股票在透明度变化前后的集合竞价成交量比率、连续竞价市场的价差、深度、流动性比率和弹性等，然后对所有股票求平均，最后对其进行显著性 T 检验，同时算出各指标的中位数，并进行 Wiloxon 符号秩检验。结果如表 4-2、4-3 所示。

表 4-2　开盘阶段交易者参与积极性在透明度改变前后的比较结果

	流通市值最大		流通市值居中		流通市值最小	
	封闭式	开放式	封闭式	开放式	封闭式	开放式
相对交易量	0.003 8	0.004 6***	0.004 0	0.004 8***	0.006 1	0.005 2
	0.002 7	0.002 4	0.002 4	0.002 3	0.002 5	0.002 3
开盘交易量	1.64E+05	8.80E+04***	6.17E+04	8.29E+04	3.38E+04	2.25E+05
	9.68E+04	5.52E+04***	4.77E+04	2.83E+04***	2.68E+04	1.48E+04***
开盘收益率	−0.000 9	−0.001 2	−3.44E-04	−0.002 0***	−0.001 2	−0.002 7**
	0.000 0	0.000 0	0.000 0	0.000 0**	0.000 0	0.000 0
市场收益率		0.005 5		−0.000 5***		
		−0.000 5		−0.000 3		
市场交易量		3.48E+07		6.32E+07***		
		3.15E+07		4.18E+07***		

注：每个变量的第一行表示均值，第二行表示中位数；分别采用 T 检验和 Wiloxon 符号秩检验对均值、中位数进行差异性检验；*** 表示 1% 的水平上显著，** 表示 5% 的水平上显著，* 表示 10% 的水平上显著。

表 4-3　连续阶段市场流动性在透明度改变前后的比较结果

	流通市值最大		流通市值居中		流通市值最小	
	封闭式	开放式	封闭式	开放式	封闭式	开放式
相对价差	0.003 0	0.003 0	0.003 7	0.003 8***	0.004 9	0.005 7***
	0.002 7	0.002 6	0.003 4	0.003 4	0.004 5	0.005 0***
市场深度	3.68E+04	2.84E+04***	1.49E+04	1.11E+04***	1.53E+04	9.51E+03***
	1.73E+04	1.27E+04***	1.11E+04	8 061.54***	8 004.33	5 845.71***

	流通市值最大		流通市值居中		流通市值最小	
	封闭式	开放式	封闭式	开放式	封闭式	开放式
流动性比率	963.09	1 752.24*	261.41	330.59***	192.64	275.97*
	384.10	478.46***	154.58	170.88***	94.53	103.95*
弹性	0.062 1	0.009 3***	0.029 8	0.007 5***	0.062 8	0.016 6***
	0.008 3	0.006 0***	0.008 1	0.005 6***	0.007 7	0.004 7***
交易量	1.41E+06	5.44E+05***	4.99E+05	2.34E+05***	2.53E+05	1.00E+05***
	6.61E+05	2.69E+05***	2.94E+05	1.26E+05***	1.49E+05	5.19E+04***
交易次数	88	62***	64	43***	45	25***
	91	58***	61	37***	40	19***
波动性	0.013 4	0.008 8***	0.014 4	0.010 3***	0.016 1	0.010 7***
	0.011 9	0.008 1***	0.013 1	0.009 5***	0.014 8	0.009 9***
收盘波动性	0.007 1	0.005 3***	0.007 9	0.006 3***	0.008 2	0.006 5***
	0.006 4	0.004 9***	0.007 3	0.005 8***	0.007 7	0.006 0***
市场收益率		0.003 1			0.002 8***	
		0.002 3			0.002 4***	
市场交易量		5.20E+08			8.12E+08***	
		5.17E+08			7.84E+08***	

注：每个变量的第一行表示均值，第二行表示中位数；分别采用 T 检验和 Wiloxon 符号秩检验对均值、中位数进行差异性检验；*** 表示 1% 的水平上显著，** 表示 5% 的水平上显著，* 表示 10% 的水平上显著。

表 4-2、4-3 中，可以看出集合竞价的透明度改变之后，各指标在均值和中位数意义上均发生了显著的变化。在开盘阶段，流通市值最大组、流通市值居中组的开盘交易量占一天总的交易量的比例分别增加 21.05% 和 20%，流通市值最小组的相对交易量却明显减少，减少的比例为 14.75%。这表明集合竞价透明度提高对交易者参与行为的影响随流通市值的不同发生变化。一般地，流通市值越大，交易量也越大，透明度提高使得交易者的参与积极性提高。同样，比较小的流通市值意味着较小的交易量，透明度提高使得交易者的行为容易被其他交易者所观察，所以交易者的参与积极性将会降低。总体来看，开盘竞价的透明度提高使得大部分交易者的参与积极性提高，开盘阶段的市场流动性增加。在连续竞价阶段，所有衡量流动性的指标也都发生了明显变化。基于价格法衡量流动性

的指标中，流通市值最大组的相对价差没有发生显著的变化，而市值居中组、市值最小组的相对价差分别增加了 2.7% 和 16.33%。从交易量的角度来看，三组股票的市场深度分别减少了 22.83%、25.50%、37.90%，交易量分别减少了 61.42%、53.11%、60.47%。

综合考虑价格和数量，流动性比率增加，且三组股票的流动性比率分别以 81.94%、26.46%、43.26% 的比值增加。从交易的即时性看，交易次数和弹性都是显著减少的，三组股票的交易次数减少的比例分别为 29.55%、32.81%、44.44%，三组股票的弹性减少的比例分别为 85.02%、74.83%、73.56%。此外波动率、市场交易量等也发生了显著变化。这四类流动性指标的变化表明，开盘竞价透明度提高之后，连续交易开始后 15 分钟内的市场流动性明显减少，并且流通市值越小，流动性减少得越多。

4.2.3 多元回归分析

虽然通过上述检验发现，市场流动性发生了显著变化，但是这种变化可能受到市场行情、市场稳定性、交易机制等因素的影响。为了进一步考察市场流动性的这种变化是否由开盘竞价机制的改变所引起，我们将通过建立带有虚拟变量的回归模型，比较集合竞价透明度变化前后成交量比率、连续竞价阶段的相对价差、市场深度、流动性比率和弹性。

首先，表 4-2 中的统计结果表明，个股集合竞价成交量比率在开盘竞价制度改变后明显增加，但佟孟华和仲卓（2006）及芮萌、孙彦丛、王清河（2003）的研究发现隔夜信息的积累、股票的活跃程度和市场的流动性等[1] 也可能引起开盘交易量的增加。于是，我们将上述变量作为控制变量，通过设置带有虚拟变量的计量模型检验透明度对交易量比率的影响，建立如下模型[2]：

$$V_{i,t} = \alpha_i + \alpha_1^o R_{i,t}^o + \alpha_2^o \ln Vol_{i,t-1}^o + \alpha_3^o R_{m,t}^o + \alpha_4^o \ln Vol_{m,t-1}^o + \alpha_5^o D_{i,t} + \mu_{i,t} \quad (4-9)$$

---

[1] 在所选样本期内，除开盘竞价透明度提高外，没有与股票市场有关的重大政策变化。
[2] 通过 Hausman 检验，本文采用面板数据模型中的固定效应变截距模型。进一步，变系数检验的结果表明，控制变量的系数不随个体发生显著变化，故省略此检验过程。

式中，$V_{i,t}$ 表示交易者参与开盘的积极性大小；$R_{i,t}^o$ 表示股票 i 在第 t 个交易日的开盘收益率；$\ln Vol_{i,t-1}$ 表示股票 i 在第 $t-1$ 个交易日交易量的对数；$R_{m,t}^o$ 表示上证综合指数在第 t 个交易日的开盘收益率；$\ln Vol_{m,t-1}^o$ 表示上证综合指数在第 $t-1$ 个交易日的成份股交易量的对数；$D_{i,t}$ 是虚拟变量，在集合竞价透明度变化之前取值为 0，之后取值为 1；$\mu_{i,t}$ 为误差项。

其次，根据交易所交易细则的规定，集合竞价期间没有成交的订单自动进入连续竞价阶段。因此，集合竞价对市场的影响必然通过未成交的订单延续到连续竞价的短时期内。并且 Brooks & Moulton（2004）的研究也表明，开盘交易和开盘之后的连续交易具有相互作用。基于此，本书还将进一步研究开盘竞价透明度的变化对连续竞价阶段的流动性产生了怎样的影响。

事实上，个股的交易量、成交价和波动性都与流动性密切相关（Brockman & Chung，1999）。一般情况下，成交量越大，意味着市场越活跃，交易者调整其交易策略需要支付的交易成本越低。价格水平的高低影响其交易成本，进而影响到交易者可供成交的股票数量。波动性越大，交易者承担的风险越大，需要的风险补偿也越多。因此，在研究开盘竞价透明度对连续竞价阶段市场流动性影响时，本书选取交易量、成交价和波动率作为个股自身的控制因素。除此之外，本书选取市场指数的收益率和成份股的交易量两个指标作为市场影响个股的控制变量，在参考杨朝军、孙培源、施东晖（2002）和 Boehmer（2005）的模型的基础上，建立如下模型：

$$L_{i,t} = \beta_i + \beta_1^o Rv_{i,t} + \beta_2^o Vol_{i,t} + \beta_3^o p_{i,t} + \beta_4^o R_{m,t} + \beta_5^o Vol_{m,t} + \beta_6^o D_{i,t} + \mu_{i,t} \quad （4-10）$$

式中，$L_{i,t}$ 表示股票 i 在第 t 个交易日连续交易开始后 15 分钟内的流动性指标，分别为平均相对价差 $RS_{i,t}$、平均市场深度 $depth_{i,t}$、平均市场流动性比率 $LM_{i,t}$ 和平均弹性 $RI_{i,t}$；$Rv_{i,t}$、$Vol_{i,t}$ 和 $p_{i,t}$ 分别表示股票 i 在第 t 个交易日连续交易 15 分钟内的已实现波动率、交易量和平均成交价；$R_{m,t}$ 和 $Vol_{m,t}$ 分别表示上证综合指数在第 t 个交易日连续交易 15 分钟内的收益率和成分股交易量；$D_{i,t}$、$\mu_{i,t}$ 的定义如式（4-9）。

4.2.4 实证结果与分析

将三组开盘数据代入式（4-9），采用面板数据分析方法中的固定效应回归，同时进行异方差调整，得到的回归结果如表4-4所示。

表4-4　集合竞价成交量比率对透明度的回归结果

流通市值	α_1^o	α_2^o	α_3^o	α_4^o	α_5^o	Adj-R^2 与 DW值
最大	-0.017 2*** (-3.057 6)	0.001 2*** (8.962 6)	-0.066 8*** (-8.622 1)	-0.000 4 (-1.581 2)	0.001 1*** (7.272 7)	0.102 1 1.899 3
居中	-0.003 0 (-0.608 4)	0.000 9*** (7.210 5)	-0.092 5*** (-11.961 6)	-0.000 2 (-0.953 9)	0.000 7*** (5.280 9)	0.047 2 1.795 4
最小	-0.002 3 (-0.229 6)	0.000 7*** (2.702 9)	-0.087 7*** (-5.516 4)	-0.000 4 (-0.788 7)	0.000 8** (2.561 0)	0.039 1 1.758 2

注：括号内为T统计量的值；*** 表示1%的水平上显著，** 表示5%的水平上显著。

由表4-4的回归结果可知，虚拟变量的系数估计值都大于0，并且由T统计量和相应的p值可知，该结果是高度显著的，说明集合竞价透明度提高之后，交易者参与开盘的积极性明显提高，这与现有文献的研究结果是一致的。这主要是因为在封闭式集合竞价机制下，不知情交易者缺少提单的参考依据，参与封闭式集合竞价的风险较大，参与意愿较低。在这种情况下，知情交易者也难以获利，从而产生很少有人参与开盘的现象，刘逖和攀登（2002）统计发现，集合竞价阶段的交易量和交易金额远远低于全天任意时刻。在集合竞价透明度提高后，系统即时揭示的虚拟成交价、虚拟成交量和虚拟未匹配量等信息为不知情交易者提供了下单依据，增强了不知情交易者参与开盘的信心，从而为知情交易者利用信息获利提供了条件。这表明，集合竞价透明度提高有可能吸引更多的知情交易者和不知情交易者参与开盘。根据市场微观结构理论，知情交易者利用信息交易会使信息反映到成交价中，从而提高开盘价的信息效率。此外，我国股票市场散户众多，在集合竞价透明度提高后，不知情交易者的报价依据为被披露的市场信息，随着该信息的增多，其提交的价格会逐渐接近，价格波动性减小，市场流动性增加。

将数据代入式（4-10），采用面板数据分析方法中的固定效应回归，同时进行异方差调整，得到回归结果如表4-5至表4-8所示。

表4-5 买卖价差对开盘竞价透明度的回归结果

流通市值	β_1^o	β_2^o	β_3^o	β_4^o	β_5^o	β_6^o	Adj-R^2 与 DW 值
最大	0.045 9*** (29.653 5)	-3.18E-11*** (-10.268 0)	-0.000 1*** (-9.973 3)	-0.003 7* (-1.892 3)	2.74E-14* (1.940 6)	4.35E-05*** (2.668 4)	0.829 2 2.086 9
居中	0.056 9*** (31.539 9)	-2.18E-08*** (-13.719 7)	-0.000 5*** (-21.071 1)	0.000 1 (0.047 2)	3.28 E-14 (0.015 7)	0.000 2 (9.755 2)	0.518 3 2.061 6
最小	-0.067 1*** (-17.391 4)	-2.16E-08 (-1.453 5)	-0.001 1*** (-9.220 4)	0.033 2*** (2.580 0)	1.14E-12 (0.126 4)	0.000 3*** (3.100 3)	0.308 7 1.818 8

注：括号内为 T 统计量的值；*** 表示 1% 的水平上显著，* 表示 10% 的水平上显著。

表4-6 市场深度对开盘竞价透明度的回归结果

流通市值	β_1^o	β_2^o	β_3^o	β_4^o	β_6^o	Adj-R^2 与 DW 值
最大	-1.10E+05*** (-7.877 9)	0.008 2*** (53.807 0)	-642.33*** (-7.989 8)	5 427.56 (0.208 7)	-488.85*** (-2.650 3)	0.729 4 1.983 2
居中	-5.65E+04*** (-7.846 2)	0.010 0*** (71.970 0)	-284.02*** (-3.800 4)	5.02E+04*** (3.207 2)	-723.90*** (-6.675 0)	0.635 2 1.970 3
最小	-5.89E+04*** (-5.876 9)	0.021 0*** (36.740 3)	-889.58*** (-4.557 8)	-2.64E+04 (-1.000 0)	-41.236 3 (-0.222 0)	0.514 0 1.902 5

注：括号内为 T 统计量的值；*** 表示 1% 的水平上显著。

表4-7 流动性比率对开盘竞价透明度的回归结果

流通市值	β_1^o	β_2^o	β_3^o	β_4^o	β_6^o	Adj-R^2 与 DW 值
最大	9 606.31*** (5.893 4)	-1.28E-04*** (-12.408 7)	-2.861 7 (-0.286 4)	-8 832.73*** (-2.848 4)	79.797 5*** (4.196 3)	0.226 7 1.908 7
居中	2 237.24*** (6.374 5)	-8.26E-05*** (-18.507 0)	-14.958 0*** (-4.821 4)	-476.63 (-0.725 1)	16.058 6*** (3.793 0)	0.151 2 1.986 0
最小	370.71 (1.343 5)	-1.06E-04*** (-6.845 4)	-13.145 8* (-1.800 3)	-345.81 (-0.304 4)	6.372 7 (0.900 4)	0.084 8 2.005 9

注：括号内为 T 统计量的值；*** 表示 1% 的水平上显著，* 表示 10% 的水平上显著。

表 4-8 弹性对开盘竞价透明度的回归结果

流通市值	β_1^o	β_2^o	β_3^o	β_4^o	β_6^o	Adj-R^2 与 DW 值
最大	0.207 5*** (5.727 8)	2.50E−08* (1.752 0)	0.000 4 (1.068 3)	0.114 9** (1.997 3)	−0.001 8*** (−4.327 9)	0.122 1 0.916 4
居中	0.213 1*** (11.310 8)	3.26E−07*** (9.270 7)	3.67E−05 (0.180 9)	0.108 4*** (3.031 4)	−0.001 2*** (−4.741 3)	0.088 0 1.298 2
最小	0.844 1*** (8.962 2)	8.27E−07** (2.280 0)	−0.000 5 −0.352 9	−0.194 2 (−0.998 7)	0.000 7 (0.559 7)	0.057 4 1.251 3

注：括号内为 T 统计量的值 ;*** 表示 1% 的水平上显著，** 表示 5% 的水平上显著。

从表 4-5 至表 4-8 中，观察虚拟变量系数的符号可知集合竞价透明度提高对相对价差、市场深度、流动性比率和弹性的影响。在相对价差对透明度的回归中，虚拟变量的系数为正，表明集合竞价透明度提高使得投资者参与连续竞价的成本增加。在市场深度对透明度的回归中，虚拟变量的符号为负，表明集合竞价透明度提高使得投资者参与连续交易的积极性降低或者开盘效率提高后，剩余进入连续阶段的订单减少。同样地，三组股票的流动性比率随透明度的提高而增加，大部分股票的弹性减小，市值最小的一组弹性随透明度的提高而增加。而且由 T 统计量和相应的 p 值可知，该结果是高度显著的。因此，我们可以得到如下结论：集合竞价透明度提高显著地影响了连续交易开始后 15 分钟内的市场流动性，并且透明度提高使得连续竞价阶段短时期内的市场流动性减少。这可能是由以下原因造成的。

首先，集合竞价透明度提高后，投资者对资产价值的有关信息认识差异减小，开盘阶段的成交量增大，由集合竞价阶段未成交且自动进入连续竞价的买卖订单减少。

其次，集合竞价透明度提高，减缓了投资者对开盘信息产生过度反应的现象，稳定连续竞价市场。

再次，集合竞价透明度的提高使流动性提供者的竞争加剧，信息扩散速度加快。因此，由开盘转到连续交易后，知情交易者失去了利用信息获利的优势，流动性也随之减少。

最后，集合竞价透明度提高将原本参与连续交易的交易者吸引到开盘阶段交易，使连续交易阶段的市场流动性减少。

总之，集合竞价透明度提高在吸引交易者参与开盘使开盘阶段变得更加活跃的同时，也减少了连续竞价阶段的市场流动性。

4.3 开盘透明度与波动性

从上节的实证研究结果可知，中国股票市场开盘集合竞价透明度提高之后，投资者参与开盘的积极性明显增加。根据第三章的研究内容可知，如果集合竞价吸引了太多的噪声交易者，导致知情交易者的比例非常小，那么开盘价格的发现效率较低，表现为市场价格的波动率较高。但是，当参与交易的人数较多且噪声交易者在市场上占的比例较低时，开盘集合竞价的价格发现过程更有效率，表现为市场价格的波动率较低。并且，攀登、刘逖、刘海龙等（2004）利用订单分布假设模型在研究封闭式集合竞价制度下交易者的策略选择时发现，散户的较少参与将导致操纵开盘的成本非常低廉，庄家趋向于采取价格操纵行为。为此，建议把封闭式集合竞价改为开放式集合竞价，以此提高集合竞价的透明度，提高交易者的参与意愿和信息效率，并防止开盘价格的人为操纵。但是，欧阳建新（2005）在研究中国证券市场的波动性时发现，在稳定性方面，中小企业板块的开放式集合竞价开盘并没有比中小盘股的封闭式集合竞价开盘更好。恰恰相反，开放式集合竞价即时揭示开盘参考价、匹配量等信息，在提高了市场透明度的同时，也有可能给有实力的投机者带来可乘之机，他们会在集合竞价允许撤单的时间突然撤单或整个集合竞价的任意时刻下大单来炒作市场。因此，开放式集合竞价有可能产生比封闭式集合竞价更大的波动性。

目前，关于集合竞价信息披露对波动性的影响也存在不一致的观点。Madhavan（1996）认为透明性将减小市场深度[①]。如果市场深度不够，

---

① 一般是指报价深度，即在某个特定价位上的定单数量。其计算方法是：深度 =（最高买价上定单总数 + 最低卖价上定单总数）/2。

那么波动性将增大。Ui（1999）对 Madhavan（1996）的理论模型进一步扩展，除了研究订单构成的公共信息透明度以外，主要从私人信息的角度研究了集合竞价的透明度问题，最后得到订单构成的私人信息透明度越高价格波动性越小的结论。

虽然现有文献对集合竞价的透明度问题进行了大量研究，但是对开盘竞价透明度的实证研究大都采用统计、数字模拟的方法（周锋，2004），并且主要分析了透明度对开盘价格的影响（Biais，Bruno，Hillion, et al.，1999），却没有涉及开盘竞价透明度对连续竞价的影响。并且上述文献大致有以下两种结论。

第一，透明度提高可能导致价格波动性变大。透明度提高使得知情交易者的私人信息被泄漏，减少了知情交易者利用私人信息获利的机会。特别是在开盘之前，在没有真正交易发生的情况下，知情交易者害怕信息泄露，参与交易的积极性降低。同时，透明度提高为不知情交易者提供了获得信息的机会，吸引更多的不知情交易者参与开盘交易，使得开盘价包含更多的噪声，价格的变化将增大。

第二，透明度提高可能使价格的变化幅度减小。透明度提高之后，知情交易者利用信息操纵价格的成本上升。为了利用信息获利，知情交易者将根据自己对股票资产价值的预期提交订单，随着交易的进行，信息逐渐被包含到价格中，结果导致价格变化的幅度逐渐减小。

对于中国股票市场开盘竞价透明度提高会产生哪种结果，仍然没有检验。因此，本节将利用上交所 A 股股票的交易数据，采用事件研究法进行计量分析透明度提高之后开盘价格的变化以及连续竞价阶段的市场稳定性。

4.3.1 波动性的度量方法

波动性是指价格非预期变化的趋势。为度量开盘到连续价格的变化，本节选择连续竞价开始后 15 分钟内的平均成交价计算价格变化的幅度，其定义如下：

$$\Delta p_{i,t} = \left| \overline{p}_{i,t} - P_{i,t}^{o} \right| / \overline{p}_{i,t} \qquad （4-11）$$

式中，$\Delta p_{i,t}$ 表示股票 i 在第 t 个交易日由开盘到连续价格的变化；$\overline{p}_{i,t}$ 表示股票 i 在第 t 个交易日连续竞价开始后 15 分钟内的平均成交价；$P_{i,t}^o$ 表示股票 i 在第 t 个交易日的开盘价。

在连续竞价阶段，本书选择 Zhou（1996）定义的已实现波动率，股票 i 在第 t 个交易日连续交易开始后 15 分钟内的已实现波动率定义如下：

$$Rv_{i,t} = \left[\sum_{k=1}^{n} R_{i,t,k}^2 + 2\sum_{k=2}^{n} R_{i,t,k} R_{i,t,k-1} \right]^{\frac{1}{2}} \qquad (4-12)$$

式中，$Rv_{i,t}$ 是股票 i 在第 t 个交易日连续交易开始后 15 分钟内修正的已实现波动率；n 表示连续交易开始后 15 分钟内的交易笔数；$R_{i,t,k} = \ln p_{i,t,k} - \ln p_{i,t,k-1}$ 为第 k 笔交易的收益率；$p_{i,t,k}$ 为买卖价差的中点。

同时，在实证研究中还涉及的一些控制变量包括市场波动率、开盘交易量、前一交易日收盘前的波动率、连续阶段的交易量和交易次数等，其定义如表 4-9 所示。

表 4-9　控制变量

变量	符号	定义
市场波动率	Rv_t^m	$\left[\sum_{k=1}^{n} R_{t,k}^{m\,2} + 2\sum_{k=2}^{n} R_{t,k}^m R_{t,k-1}^m \right]^{\frac{1}{2}}$
开盘交易量	$Vol_{i,t}^o$	股票 i 在第 t 个交易日的开盘交易量
收盘前波动率	$Rv_{i,t-1}^c$	收盘前 15 分钟内的已实现波动率
交易次数	$N_{i,t}$	连续交易 15 分钟内的交易次数

注：$R_{t,k}^m = \ln p_{t,k}^m - \ln p_{t,k-1}^m$；$R_{t,k}^m$ 是上证综合指数在第 t 个交易日第 k 次更新后市场指数的收益率；$p_{t,k}^m$ 表示第 t 个交易日第 k 次更新的市场指数。

4.3.2 描述性统计分析

为了更直观地显示集合竞价透明度对开盘价格变化的影响，本书分别计算每只股票在透明度变化前后的开盘到连续价格的变化、开盘收益率、开盘交易量、前一交易日收盘前 15 分钟的已实现波动率和市场指数的波动性，然后求所有股票的均值和中位数，最后对其进行显著性 T 检验和 Wilcoxon 符号秩检验，检验结果如表 4-10 所示。同样地，为检验连续竞价开始后 15 分钟内价格波动性的变化，本书计算了透明度变化前后已实现波动率、交易量和交易次数，对其均值和中位数分别进行 T 检验和 Wilcoxon 符号秩检验，检验结果如表 4-11 所示。

从表 4-10 可以看出，在集合竞价透明度提高之后，由开盘到连续价格的变化显著减小。从均值来看，市场波动平均减少 38.71%，三组股票市值从小到大价格变化减小的比例依次是 27.45%、32.08% 和 33.33%。此外，前一交易日收盘前的波动率减小的比例分别是 20.73%、20.25% 和 25.35%，开盘收益率减少的比例分别是 8%、11.43% 和 27.54%，交易量减少的比例分别为 46.58%、40.84% 和 51.44%。在这些变化的比例中，差别较大的是开盘收益率，这主要是因为流通市值大小影响投资者的购买力。

表 4-10　关于价格变化的统计检验结果

	流通市值最大		流通市值居中		流通市值最小	
	封闭式	开放式	封闭式	开放式	封闭式	开放式
价格变化	0.009 3	0.006 2***	0.010 6	0.007 2***	0.010 2	0.007 4***
	0.007 5	0.005 0***	0.008 5	0.005 8***	0.008 1	0.006 0***
收盘前波动性	0.007 1	0.005 3***	0.007 9	0.006 3***	0.008 2	0.006 5***
	0.006 4	0.004 9***	0.007 3	0.005 8***	0.007 7	0.006 0***
开盘收益率	0.006 9	0.005 0***	0.007 0	0.006 2***	0.007 5	0.006 9*
	0.003 7	0.002 9***	0.004 1	0.003 7**	0.004 8	0.004 2
开盘交易量	649.27	315.28***	253.72	150.11***	127.66	68.19***
	248.40	106.50***	114.53	44.00***	57.00	20.00***
市场波动性		0.003 1		0.001 9***		
		0.003 0		0.001 6***		

注：每个变量的第一行表示均值，第二行表示中位数；分别采用 T 检验和 Wiloxon 符号秩检验对均值、中位数进行差异性检验；*** 表示 1% 的水平上显著，** 表示 5% 的水平上显著，* 表示 10% 的水平上显著。

表 4-11　关于连续阶段价格波动性的统计检验结果

	流通市值最大		流通市值居中		流通市值最小	
	封闭式	开放式	封闭式	开放式	封闭式	开放式
价格 波动率	0.013 4	0.008 8***	0.014 4	0.010 3***	0.016 1	0.010 7***
	0.011 9	0.008 1***	0.013 1	0.009 5***	0.014 8	0.009 9***
交易量	13 533.22	5 029.06***	4 740.91	2 400.60***	2 489.60	951.34***
	6 398.68	2 396.00***	2 920.00	1 253.98***	1 635.71	490.35***
交易次数	87.03	59.98***	63.77	43.38***	45.91	23.54***
	92.00	56.00***	61.00	37.00***	43.00	18.00***

注：每个变量的第一行表示均值，第二行表示中位数；分别采用 T 检验和 Wiloxon 符号秩检验对均
值、中位数进行差异性检验；*** 表示 1% 的水平上显著。

从表 4-11 可以看出，连续交易开始后 15 分钟内三组股票按市值由
小到大价格波动率减小的比例分别为 33.54%、28.47% 和 34.33%，交易
量减少的比例分别是 61.79%、49.36% 和 62.84%，交易次数减少的比例
分别是 48.73%、31.97% 和 31.08%。所有这些变化都表明，集合竞价透
明度提高之后，连续交易开始后 15 分钟内的波动率减小，市场变得更加
稳定，交易的活跃程度降低。

4.3.3 多元回归分析

尽管上述统计结果显示透明度提高后开盘价格变化的幅度明显减小，
但是价格波动性的减小是否由透明度变化引起还有待检验。这是因为价格
波动还受到交易量、开盘收益率等诸多因素的影响，例如 Karpoff（1987）
和陈维云、黄曼慧、吴永（2005）认为，交易规模越大，交易者之间的
信息非对称程度越大，交易者报价的变化也就越大，即交易量和波动性具
有正相关关系。同时，前一天收盘到第二天开盘之间的隔夜信息的积累在
短时间内扩散，会导致收益率在开盘之前发生很大的变化，从而交易者会
频繁调整其报价。此外，股票的波动性还受到市场波动性的影响。于是，
本书将交易量、收益率和前一日的波动率当作控制变量，建立带虚拟变量

的回归模型如下：

$$\Delta p_{i,t} = \alpha_i + \gamma_1^o \, Vol_{i,t}^o + \gamma_2^o \left| R_{i,t}^o \right| + \gamma_3^o Rv_{i,t-1}^c + \gamma_4^o Rv_t^m + \gamma_5^o D_{i,t} + \mu_{i,t} \qquad （4-13）$$

式中，$\Delta p_{i,t}$ 是股票 i 在第 t 个交易日从开盘到连续价格的变化；$Vol_{i,t}^o$ 表示股票 i 在第 t 个交易日的开盘交易量；$\left| R_{i,t}^o \right|$ 表示股票 i 在第 t 个交易日的开盘收益率的绝对值；$Rv_{i,t-1}^c$ 表示股票 i 在第 $t-1$ 个交易日收盘前 15 分钟内的波动率；Rv_t^m 表示上证综合指数在第 t 个交易日连续交易开始后 15 分钟内的波动率；$D_{i,t}$、$\mu_{i,t}$ 的定义如式（4-9）。

投资者调整报价的幅度和速度受风险厌恶、资产禀赋等因素的影响，通过检验连续交易阶段价格的变化情况，可以考察开盘竞价透明度对信息释放速度的影响。尽管统计检验结果表明连续交易 15 分钟内价格波动率明显减小，但这种变化还受到交易量、交易次数和价格波动率等诸多因素的影响。例如，Jones，Kaul & Lipson（1994）以及 Huang & Masulis（2003）认为交易量反映了交易者对信息认识的差异程度，较大的交易量往往是由信息较多的知情交易者引起，显示出较大的逆向选择效应。尽管如此，但是知情交易者为了隐藏其交易行为，会把大单拆成小单进行交易，这就削弱了交易量对价格波动性的影响，而增加了交易次数对价格波动性的贡献。因此，交易量、交易次数都会对价格波动性产生影响。同样地，价格波动性具有传递性，因此市场波动性、前一日的波动性也会对当时开盘价格和开盘后价格的变化产生影响。于是，本书把上述变量当作控制变量，采用带虚拟变量的回归方程来检验集合竞价透明度的变化对连续交易开始后 15 分钟内价格波动率的影响。建立的模型如下：

$$\begin{aligned} Rv_{i,t} = \alpha_i &+ \psi_1^o \Delta p_{i,t} + \psi_2^o Vol_{i,t} + \psi_3^o N_{i,t} + \\ &\psi_4^o Rv_{i,t-1}^c + \psi_5^o Rv_t^m + \psi_6^o D_{i,t} + \mu_{i,t} \end{aligned} \qquad （4-14）$$

式中，$Rv_{i,t}$ 是股票 i 在第 t 个交易日连续交易开始后 15 分钟内的已实现波动率；$\Delta p_{i,t}$ 是股票 i 在第 t 个交易日从开盘到连续价格变化的幅度；$Vol_{i,t}$ 是 15 分钟内的总交易量；$N_{i,t}$ 是 15 分钟内的交易次数；$Rv_{i,t-1}^c$ 表示前一日收盘前 15 分钟内的波动率；Rv_t^m 表示上证综合指数在第 t 个交易日开盘后 15 分钟内的波动率；$D_{i,t}$、$\mu_{i,t}$ 的定义如式（4-9）所示。

4.3.4 实证结果与分析

将流通市值不同的三组股票的交易数据代入式（4-12），采用面板数据分析方法中的固定效应回归，同时进行异方差调整，得到回归结果如表 4-12 所示。

表 4-12　对开盘竞价透明度提高前后价格变化比较的回归结果

流通市值	γ_1^o	γ_2^o	γ_3^o	γ_4^o	γ_5^o	Adj-R^2 与 DW 值
最大	7.70E-07*** (10.849 3)	0.092 7*** (8.646 2)	0.148 2*** (5.613 4)	1.126 9*** (20.111 5)	−0.000 9*** (−5.251 4)	0.281 7 1.896 8
居中	2.11E-06*** (11.886 0)	0.106 1*** (12.164 2)	0.086 4*** (3.985 9)	1.460 4*** (30.038 4)	−0.001 0*** (−6.047 8)	0.233 6 1.860 0
最小	1.54E-06*** (2.747 1)	0.107 6*** (7.123 6)	0.154 0*** (4.808 1)	1.076 5*** (12.781 1)	−0.001 1*** (−3.786 0)	0.154 0 1.986 7

注：*** 表示 1% 的水平上显著。

表 4-12 中，虚拟变量的系数 γ_5^o 的估计值都小于 0，并且是高度显著的。这说明开盘竞价透明度提高之后，由开盘到连续价格变化的幅度明显减小。根据透明度、交易者行为和价格波动性之间的关系，我们认为开盘透明度明显影响开盘价的信息效率。这是因为集合竞价透明度提高将吸引大量的不知情交易者参与交易，导致开盘阶段市场更加活跃，从而增加了知情交易者隐藏其交易活动的机会，于是知情交易者参与开盘的积极性也将提高。根据第三章的理论分析，如果市场上存在足够多的知情交易者，那么交易者对资产价值的预期将逐渐趋于一致，价格的效率将明显提高。同时，知情交易者利用信息操纵价格的成本上升，其报价必然是对资产价值的真实预期。

同样地，将流通市值不同的三组股票的交易数据代入式（4-13），得到的回归结果如表 4-13 所示。

表 4-13　对开盘竞价透明度提高前后连续阶段价格波动率比较的回归结果

流通市值	ψ_1^o	ψ_2^o	ψ_3^o	ψ_4^o	ψ_5^o	ψ_6^o	Adj-R^2 与 DW 值
最大	0.250 8*** (22.632 0)	3.24E-08*** (9.012 3)	2.84E-05*** (10.492 7)	0.149 1*** (7.715 7)	0.378 2*** (9.189 3)	-0.001 2*** (-8.692 0)	0.502 2 1.891 1
居中	0.251 6*** (30.282 2)	7.72E-08*** (5.985 6)	3.75E-05*** (13.253 9)	0.148 9*** (9.393 1)	0.525 7*** (14.663 2)	-0.001 2*** (-10.385 4)	0.422 8 1.902 0
最小	0.239 5*** (17.479 2)	1.98E-07** (2.496 9)	7.10E-05*** (8.087 6)	0.090 8*** (3.461 9)	0.502 7*** (6.892 0)	-0.001 6*** (-6.066 9)	0.357 4 1.888 6

注：*** 表示 1% 的水平上显著，** 表示 5% 的水平上显著。

　　由表 4-13 可知，虚拟变量的系数 ψ_6^o 的估计值都小于 0，并且是高度显著的。即集合竞价透明度提高之后，开盘后 15 分钟内的价格波动明显减小。这说明开盘竞价透明度提高之后，连续交易阶段市场变得更加稳定。我们认为集合竞价透明度提高之后，不知情交易者能够观察到市场上的交易信息，参与连续交易的交易者不再对开盘价释放的信息产生过度反应；同时，隔夜信息在开盘之前被释放，在开盘后短期内没有新信息到达的情况下，交易者对资产价值的预期非常接近，由信息交易引起的价格变动幅度较小。

　　基于本节的实证结果并结合第三章的理论分析，我们认为，在中国股票市场开盘竞价透明度提高之后，知情交易者操纵开盘价的可能性减小，开盘价的信息效率提高，且开盘竞价透明度提高有助于连续交易阶段的市场稳定。

4.4 本章小结

　　在本章中，我们利用事件研究的方法检验了中国股票市场开盘竞价透明度提高对市场流动性和波动性的影响，得到一系列实际研究成果，具体内容总结如下。

　　关于开盘竞价透明度对市场流动性的研究，我们从两个方面进行了考察。首先，检验了透明度提高对交易者参与开盘积极性的影响，发现集合竞价过程中系统披露的虚拟价格等信息为不知情交易者提供了下单依据，增强了不知情交易者参与开盘的信心，从而有更多的交易者参与开盘。其次，我们通过考察连续交易开始后 15 分钟内的市场流动性的变化对此进行检验。通过比较衡量市场流动性的四个指标的大小，我们发现连续竞价阶段的市场流动性明显降低。这表明原来参与连续交易的交易者有可能参与开盘交易，使得开盘阶段的成交量增大。

　　关于开盘竞价透明度对市场波动性的影响，我们也从两个方面进行了研究。一方面，集合竞价透明度提高吸引了交易者参与开盘，这些交易者是知情交易者还是噪声交易者对开盘价格信息效率的影响是不同的。如果吸引的是噪声交易者，开盘价的信息效率降低，随着交易的进行，信息被释放，价格的信息含量增加，从开盘到连续价格的变化幅度提高。如果吸引的是知情交易者，开盘价的信息含量增加，在没有新信息的情况下，从开盘到连续价格的变化幅度减少。于是，我们首先检验了价格变化幅度随透明度的变化情况。结果发现，透明度增加后从开盘到连续价格的变化幅度明显减小。另一方面，我们检验了连续竞价开始后 15 分钟内的波动率的变化，发现也呈明显降低趋势。这表明开盘竞价透明度提高后，连续竞价阶段的市场变得比较稳定，这可能是由于开盘阶段披露的市场信息缓解了交易者对开盘信息的过度反应，使得基于公共信息交易的不知情交易者提交的价格比较接近，价格波动性减小。

第5章

收盘竞价透明度对市场的影响

　　第四章采用开盘的交易数据验证了开放式集合竞价的理论结果。这种结果是否受不同交易时段交易行为的影响？事实上，在开盘和收盘阶段，交易者的动机和行为是不同的。交易者参与开盘的原因也可能是隔夜信息改变了其对风险资产的预期，而在收盘时参与较多的是庄家和机构投资者，他们通过制造出一种虚假的市场活跃现象达到影响价格的目的。从而，交易者在这两个时段的交易行为是不同的。从而，收盘阶段产生了一些特殊的交易现象。例如，流动性需求及规避隔夜风险使得收盘阶段的市场压力较大，收盘价格的重要性使得交易者有操纵收盘价格的动机，这些都可能导致收盘有较大的波动率和较低的价格效率。因此，证券交易所在设计收盘价格确定机制时，一般会考虑以下因素：最大程度减小收盘价格被人为操纵的可能性；尽量增加收盘价格的代表性，确保收盘价能够比较准确地代表证券在一天交易结束后的价值（Harris，1989）或代表当时多数投资者认同的均衡价格；避免价格的剧烈波动，维持收盘价格的连续性和稳定性。目前的研究发现，集合竞价能够消除单一大额定单对价格的冲击，降低临时波动性，有稳定价格的重要优势（Cohen，Maier，Schwartz，et al.，1986；Chang，Hsu，Huang，et al.，1999）。Brooks & Su（1997）的研究也发现，采用集合竞价交易避免了不知情交易者与知情交易者直接交易，减少了逆向选择成本。Karpoff（1986）的数字模拟结果也表明集合竞价提高了分配效率。正是因为集合竞价具有的这些优点恰好是设计收盘交易机制所需要考虑的因素，所以许多主要证券交易所纷纷采用集合竞价确定收盘价格。

　　Hillion & Suominen（1998）对巴黎证券交易所CAC40指数成份股收盘价格的研究发现，采用连续竞价收盘时价格的波动性较高，并指出存在收盘价格被操纵的可能性。他们的研究导致巴黎证券交易所将收盘价格确定方式改成了集合竞价。Thomas（1998），Pagano & Schwartz（2003）对巴黎证券交易所收盘交易机制改变的市场效果进行了研究，发现引入集合竞价后，收盘价格的波动性减小了25%，集合竞价阶段的订单提交量比以前更大，并且撤单情况减少。这表明采用集合竞价确定收盘价导致了更加有效的价格发现。Comerton-Forde，Lau，Mcinish（2007）研究了新加坡证券交易所引入集合竞价进行收盘的市场效果，发现集合竞价减小了收盘附近的买卖价差，减小了操纵收盘价格的可能性，提高了市场质量。陈炜（2005）对深圳证券交易所中小企业板引入封闭式集合竞价收盘产生的市场效果进行了检验，初步证据显示集合竞价机制提高了市场质量（减小了市场收盘阶段的波动性，增加了市场收盘阶段的流动性，提高了收盘价的有效性），同时显示集合竞价阶段的交易量明显减少，封闭式集合竞价机制影响了收盘价格的代表性。因此，建议适当提高集合竞价过程中的透明度，采用开放式集合竞价方式收盘。

　　收盘价格机制的变化除了会直接影响收盘价格的特征外，也会影响收盘前连续竞价阶段的市场行为。从国外的研究文献来看，学者们得到的结论并不一致。例如，Aitken，Comerton & Frio（2005）研究了澳大利亚证券交易所引入集合竞价收盘对市场流动性产生的影响，结果表明采用集合竞价收盘并没有吸引更多的交易者参与交易，而是引起现有的交易者推迟交易，收盘交易量明显增加，收盘前连续交易阶段的交易量明显减少，而买卖价差并没有发生明显变化。Foucaul, Kandel & Kadano（2005），Bosetti, Kandel & Rindi（2006）却发现不同的现象，采用集合竞价收盘之后，收盘前的买卖价差减小，连续竞价阶段的价格波动率减小，并导致集合竞价阶段的交易量减少。

通过回顾相关文献，我们发现现有文献关于采用集合竞价方式收盘对市场影响的结论不尽相同。出现这种现象的原因可能有以下两个方面：第一，不同市场的投资环境与投资者构成存在差异；第二，不同市场采用的集合竞价交易机制存在差异，包括集合过程和价格确定原则的不同。

深交所中小企业板于 2004 年 6 月 25 日正式启动，采用不同于主板市场的交易机制。其中，收盘价格的确定方式为封闭式集合竞价，时间为最后 3 分钟，即 14 : 57 至 15 : 00。这种"黑箱"式做法的缺陷是显而易见的。例如，透明度太低影响相关信息在市场中的传递，投资者无法合理地判断证券的真实价值，导致集合竞价过程中盲目交易和噪声交易增加，且容易产生过度反应现象。同时，由于系统不披露任何信息，特别是不披露买卖订单的不平衡信息，投资者只需较小的成本即可影响证券的交易价格。因此，较低的透明度便利了市场操纵行为。中小企业板近两年的实践经验也证明，与开放式集合竞价开盘相比，收盘阶段的透明度较差，交易者参与收盘的意愿较低，并且收盘价被操纵的现象较严重。为了提高市场的信息传递，加大操纵成本，深圳证券交易所于 2006 年 7 月 1 日将收盘竞价方式改为开放式集合竞价，时间仍然为 14 : 57 至 15 : 00。在此期间，系统不接受撤销申报，却即时披露虚拟成交价格、虚拟成交量和未匹配量，提高了集合竞价期间的市场透明度。

正如第三章指出的那样，集合竞价透明度对不知情交易者和知情交易者的交易行为产生了不同的影响，不知情交易者的参与积极性提高，而知情交易者担心私人信息被泄漏，为隐藏其交易动机，则更希望在透明度不是很高的市场交易。在深圳中小企业板上市的大都是小盘股，而小盘股股票通常具有较高的换手率、较大的波动性、价格操纵较严重的特点①。在这样一个市场，知情交易者的比例相对较高。收盘集合竞价透明度提高会对他们的交易行为产生什么样的影响？市场流动性、波动性会发生什么样的变化？由于在收盘之后，当日的交易就会停止，交易者可能提前调整交易策略，导致收盘前和收盘阶段的市场行为都将发生变化。本章将从市场流动性、波动性的变化进行分析透明度提高产生的市场影响。

5.1 研究设计

5.1.1 研究方法

本书采用事件研究法，比较收盘竞价透明度提高前后收盘和收盘前15分钟内市场流动性、波动性的差异，以此判断中小企业板收盘集合竞价透明度提高是否对收盘以及邻近收盘阶段的市场行为产生了显著的影响。在选择实证模型时，本书通过建立带虚拟变量的多元回归模型来研究收盘价格确定机制的变化对市场质量产生的影响。

在连续竞价市场，流动性是靠限价订单提供的，订单的大小为市场提供了在该价格水平上可交易的数量，订单簿上现有的买卖申报价格影响交易者的执行价，特别是当前最优买卖报价直接影响交易者潜在的订单执行成本。因此，本书采用买卖价差、报价深度衡量收盘前连续竞价阶段的市场流动性。在集合竞价市场，因为不存在买卖价差以及虚拟交易数据的获取受到限制，所以本书采用参与积极性衡量收盘阶段的市场流动性。

（1）市场流动性的研究方法

① 买卖价差

Flood（1991），O'Hara & Oldfield（1986）把买卖价差定义为对做市商提供即时交易服务的补偿。在订单驱动市场，买卖价差的计算方法是当前市场上最优卖价和最优买价之间的差额，它衡量瞬间扎平头寸的执

---

① 深圳交易所的统计结果显示：小盘股股票的交易量比其流通市值高出约15至20个百分点；小盘股股票约为非小盘股股票短期波动率的2倍；在深圳交易所重点监控的庄股中，小盘股股票占了64%。

行成本，是最基本的流动性衡量指标。由于买卖价差通常随价格而变化，本书采用相对价差作为研究对象，其计算方法如表 5-1 所示。

表 5-1　相关变量的定义

变　量	符　号	定　义
相对价差	$RS_{i,t}$	$\dfrac{1}{n}\sum\limits_{l=1}^{n}\left. \left| A_{i,t,1}^{l} - B_{i,t,1}^{l} \right| \right/ M_{i,t}^{l}$
已实现波动率	$Rv_{i,t}$	$\left(\sum\limits_{l=1}^{n} R_{i,t}^{l\,2} + 2\sum\limits_{l=2}^{n} R_{i,t}^{l} R_{i,t}^{l-1} \right)^{\frac{1}{2}}$
参与积极性	$V_{i,t}^{cls}$	$vol_{i,t}^{cls} / vol_{i,t}$
价格变动率	$\Delta Rp_{i,t}^{cls}$	$\left| cp_{i,t}^{cls} - cp_{i,t} \right| / cp_{i,t}$

注：$A_{i,t,1}^{l}$、$B_{i,t,1}^{l}$、$R_{i,t}^{l}$ 和 $cp_{i,t}^{l}$ 分别表示在该 15 分钟内第 1 笔的最优卖方报价、最优买方报价、收益率和成交价；$M_{i,t}^{l} = \left(A_{i,t,1}^{l} + B_{i,t,1}^{l} \right)/2$；$vol_{i,t}^{cls}$、$vol_{i,t}$ 分别表示股票 i 在第 t 个交易日的收盘交易量和总交易量；$cp_{i,t}^{cls}$、$cp_{i,t}$ 分别表示股票 i 在第 t 个交易日的收盘价和收盘前 15 分钟内的平均价格；n 表示收盘前 15 分钟内总的交易次数。

　　事实上，买卖价差是衡量交易成本的直接指标，而交易成本由订单执行成本、逆向选择成本两部分构成。因为在我国证券市场交易费用和税收是交易金额的固定比例，所以订单执行成本随着价格的上升而增加。因此，股票价格是影响买卖价差的重要因素。此外，交易者之间的信息不对称程度是影响逆向选择成本的主要因素，而交易量通常作为信息不对称程度的代理变量。并且现有的研究也发现，股票价格水平、价格波动性导致流动性反向变动，交易量与流动性成正相关关系（宁向东和齐险峰，2002；屈文洲和吴世农，2002）。因此，为检验收盘集合竞价透明度提高对收盘前连续竞价阶段相对价差的影响，本书选取上述变量作为控制变量，建立如下回归模型：

$$
\begin{aligned}
RS_{i,t} = {} & \alpha_i + \alpha_1 Rv_{i,t} + \alpha_2 \ln Vol_{i,t} + \alpha_3 \ln p_{i,t} + \\
& \alpha_4 R_{m,t} + \alpha_5 \ln Vol_{m,t} + \alpha_6 D_{i,t} + \mu_{i,t}
\end{aligned}
\tag{5-1}
$$

式中，$RS_{i,t}$、$Rv_{i,t}$、$\ln Vol_{i,t}$ 和 $\ln p_{i,t}$ 分别为股票 i 在第 t 个交易日收盘前 15 分钟内的平均相对价差、已实现波动率、平均交易量的对数和平均成交价的对数；$D_{i,t}$ 是虚拟变量，在采用开放式集合竞价收盘之前取值为 0，之后取值为 1；$\mu_{i,t}$ 为误差项。

② Glostern-Harris 交易成本模型（GH 模型）

尽管买卖价差是衡量市场流动性的一个简便的指标，但它不能区分固定交易成本和可变交易成本。考虑到 A 市场收盘前大额投资者和小额投资者对这两类交易成本的关注度不同，本书采用 Glostern-Harris 交易成本模型将价差分解，分别考察收盘价格确定机制的改变对这两类交易成本的影响，该模型为

$$\Delta p_{i,t,k} = \lambda_{i,t} q_{i,t,k} + \psi_{i,t} \ d_{i,t,k} - d_{i,t,k-1} + \varepsilon_{i,t} \qquad (5-2)$$

式中，$\Delta p_{i,t,k}$ 是股票 i 在第 t 个交易日收盘前 15 分钟内从第 $k-1$ 笔到第 k 笔交易的价格变化；$q_{i,t,k}$ 为带正负号（表示买卖方向）的第 k 笔交易的交易量；$d_{i,t,k-1}$、$d_{i,t,k}$ 分别为第 $k-1$ 笔和第 k 笔的交易方向变量，交易由买方发起取值为 +1，交易由卖方发起取值为 −1；$\varepsilon_{i,t}$ 为误差项。$\lambda_{i,t} q_{i,t,k}$ 衡量总的可变交易成本，$\lambda_{i,t}$ 越大，价格越容易受到带买卖方向的交易量的影响，对大额交易者交易成本的影响也就越大；$\psi_{i,t}$ 衡量总的固定交易成本，其值越大，交易方向的变化对价格变化的影响也就越大，小额交易者交易成本的大小主要受其影响。基于此原因，收盘价格确定机制的改变对固定交易成本和可变交易成本产生的影响分别从以下两个方面来考察：

$$\lambda_{i,t} = \beta_i + \beta_1 Rv_{i,t} + \beta_2 \ln Vol_{i,t} + \beta_3 \ln p_{i,t} + \beta_4 R_{m,t} + \beta_5 D_{i,t} + \mu_{i,t} \qquad (5-3)$$

$$\psi_{i,t} = \gamma_i + \gamma_1 Rv_{i,t} + \gamma_2 \ln Vol_{i,t} + \gamma_3 p_{i,t} + \gamma_4 \ln Vol_{m,t} + \gamma_5 D_{i,t} + \mu_{i,t} \qquad (5-4)$$

式中，$Rv_{i,t}$、$\ln Vol_{i,t}$、$\ln p_{i,t}$、$R_{m,t}$、$\ln Vol_{m,t}$、$D_{i,t}$ 和 $\mu_{i,t}$ 的定义如式（5-1）。

③ 市场深度

市场深度主要是指报价深度，即在某个特定价位（通常是最优买卖报价）上的定单数量。它是基于交易量衡量市场流动性的一种常用指标，其大小与交易者的提单行为有关。

事实上，在证券市场影响交易者提单行为的因素很多。例如，价格水平的高低影响投资者希望交易的数量，波动性的大小（反映了交易者承担的风险）影响投资者提交订单的数量。特别地，在中国股票市场开盘附近和收盘之前，交易者之间的信息不对称程度非常大（杨朝军、孙培源和施东晖，2002），并且信息不对称程度是影响报价深度的主要因素（Caperland & Galai，1983；Glosten & Milgrom，1985）。Franz，Rao & Tripathy（1995）的研究也发现，市场流动性的变化往往同股票的交易量、波动性和价格水平密切相关。因此，我们选取上述变量作为控制变量，通过设置带虚拟变量的回归方程检验收盘集合竞价透明度提高对收盘前连续竞价阶段市场深度的影响，建立的模型如下：

$$\ln dep_{i,t} = \alpha_i + \varphi_1 Rv_{i,t} + \varphi_2 \ln Vol_{i,t} + \varphi_3 \ln p_{i,t} + \varphi_4 D_{i,t} + \mu_{i,t} \qquad (5-5)$$

式中，$\ln dep_{i,t}$ 为最优价位上平均报价深度的对数，$Rv_{i,t}$、$\ln Vol_{i,t}$、$\ln p_{i,t}$、$D_{i,t}$、$\mu_{i,t}$ 的定义与式（5-1）相同。

④ 参与积极性

交易者参与积极性的衡量方法为相对交易量，即收盘交易量（或交易金额）占日内交易量（或交易金额）的比例。其值越大，表明交易者参与收盘的交易活动越多，其计算方法如表5-1所示。因为收盘价格被操纵的现象非常普遍（特别是中小盘股），为了拉抬或打压收盘价，部分交易者有可能通过较大的交易量提前影响价格变化，所以收盘前连续竞价阶段的交易量对收盘交易量会产生较大的影响。同时，陈怡玲和宋逢明（2000）的研究也表明，收益率和交易量具有同期正相关关系，并且收益率对交易量的解释能力更强。因此，为了考察收盘集合竞价透明度提高对交易者参与积极性的影响，我们选取上述变量作为控制变量，建立如下回归模型：

$$V_{i,t}^{cls} = \delta_i + \delta_1 R_{i,t}^{cls} + \delta_2 \ln Vol_{i,t} + \delta_3 R_{m,t}^{cls} + \delta_4 \ln Vol_{m,t} + \delta_5 D_{i,t} + \mu_{i,t} \quad （5-6）$$

式中，$V_{i,t}^{cls}$、$R_{i,t}^{cls}$ 和 $\ln Vol_{i,t}$ 分别是股票 i 在第 t 个交易日的收盘交易量占日交易量的比例、收盘收益率[①] 和收盘前 15 分钟交易量的对数；$D_{i,t}$ 和 $\mu_{i,t}$ 的定义与式（5-1）相同。

（2）价格波动性的研究方法

在高频数据中，一般采用已实现波动率来衡量股票价格的波动水平。为了减小测量误差和微观结构因素产生的噪声，本书采用修正的已实现波动率（Zhou，1996）作为衡量收盘前 15 分钟内价格波动性的指标，其计算方法如表 5-1 所示。在收盘阶段，由于虚拟交易数据的获取受到限制，本书采用从连续到收盘价格的变动比率表示收盘阶段的价格变化，其值越大，表示价格的变化幅度越大，价格的连续性越差，其计算方法如表 5-1 所示。

① 已实现波动率

波动性是指价格非预期变化的趋势，它受到外部信息和市场机制等因素的影响。杨炘和王邦宜（2005）的研究也表明，交易量作为信息到达数量的代理变量对股价波动性具有很强的解释作用。此外，中国股票市场股权分置改革使流通市值发生了变化，董锋和韩立岩（2006）的研究表明，流通市值对市场波动性产生显著的影响，并且个股的波动性也会受到市场波动性的影响。因此，我们选取上述变量作为控制变量，通过设置带虚拟变量的回归方程检验波动性的变化，建立的模型如下：

$$Rv_{i,t} = \eta_i + \eta_1 \ln Vol_{i,t} + \eta_2 \ln value_{i,t} + \eta_3 Rv_{m,t} + \eta_4 D_{i,t} + \mu_{i,t} \quad （5-7）$$

式中，$Rv_{i,t}$、$\ln Vol_{i,t}$ 和 $\ln value_{i,t}$ 分别是股票 i 在第 t 个交易日收盘前 15 分钟内的已实现波动率、交易量的对数和流通市值的对数；$Rv_{m,t}$ 是深证综指在第 t 个交易日收盘前 15 分钟内的已实现波动率；$D_{i,t}$ 和 $\mu_{i,t}$ 的定义与式（5-1）相同。

---

① 收盘收益率是指收盘价和收盘前 15 分钟内平均价格的对数之差。

② 价格变动率

在高频数据中，一般采用已实现波动率来衡量连续竞价市场股票价格的波动水平。已实现波动率直接对已实现的（历史）日内短期收益的某种范数进行加总，能刻画任意时间长度内的价格波动特征，若采用的数据频率越高，则可包含的信息就越多。尽管如此，Andersen，Bollerslev，Diebold，et al.（2001）利用二次变差理论证明，在收益率序列能够近似满足零均值的假设和渐近无穷样本的条件下，已实现波动率是真实波动率的一致估计量[①]。但是，随着数据频率的不断增加，市场微观结构等因素带来的噪声会造成高频收益率的自相关，进而使得已实现波动率的估计产生偏差。为避免市场微观结构因素的影响，一些学者试图寻找一个最优频率，使得采用该数据频率估计的已实现波动率的偏差最小[②]，而另一些学者则致力于直接对已实现波动率的估计偏差进行修正[③]。

在收益率均值为零的情形下[④]，通常采用式（5-8）的形式计算已实现波动率。

$$\sigma(T, \Delta t) = \left\{ \sum_{j=1}^{n} r^2(\Delta t, t_j) \right\}^{\frac{1}{2}} \tag{5-8}$$

式中，$r(\Delta t, t_j) = \ln(P(t_j)) - \ln(P(t_j - \Delta t))$，$T = n\Delta t$。$T$ 为计算波动率的时间长度（例如，天、周、月等）；Δt 是计算已实现波动率的时间间隔[⑤]；n 表示时间 T 内用于计算已实现波动率的时间间隔个数；t_j 是 T 时间内计算收益率的各个时间点；$\sigma(T, \Delta t)$ 表示时间长度为 T、时间间隔为 Δt 的已实现波动率。

---

① 关于已实现波动率理论基础的详细讨论可参见 Andersen，Bollerslev，Diebold，et al.（2003）以及 Nielsen & Shephard（2003）。

② 国外对微观因素影响已实现波动率的研究有 Andersen，Bollerslev，Diebold，et al.（2001），Oomen（2001，2005）等，国内的类似研究有房晓怡和王浣尘（2003）以及徐正国和张世英（2004，2005，2006）等。

③ Zhou（1996），Hansen & Lunde（2006），Bandi & Russell（2006）等对已实现波动率的估计偏差如何修正进行了研究。

④ 这个假设在数据频率较高的情况下是成立的，但随着频率的降低，均值将可能会偏离零。

⑤ 本章对 Δt 的讨论主要分为分笔和分时两种情况。在分笔情况下，Δt 表示交易时间间隔（即实际发生的相邻两笔交易的间隔）；在分时数据中，Δt 表示某一日历时间间隔，如：5 分钟、10 分钟。

事实上，价格变化可能是由信息的到达或者流动性交易者的交易行为所引起。Lamoureux & Lastrapes（1990），杨炘和王邦宜（2005）等人的研究发现，成交量可以代表引起价格变动的新信息。此外，在所选样本期内，个别股票发生了股权分置改革，流通市值大小发生了显著变化。董锋和韩立岩（2006）的研究发现，流通市值也对市场波动性产生显著的影响。因此，为检验收盘集合竞价透明度对波动性的影响，我们选取上述变量作为控制变量，建立如下回归模型：

$$\Delta Rp_{i,t}^{cls} = \rho_i + \rho_1 Vol_{i,t}^{cls} + \rho_2 \left| R_{i,t}^{cls} \right| + \rho_3 Rv_{i,t} + \rho_4 \Delta Rp_{m,t}^{cls} + \rho_5 D_{i,t} + \mu_{i,t} \qquad （5-9）$$

式中，$\Delta Rp_{i,t}^{cls}$、$\ln Vol_{i,t}^{cls}$ 和 $Rv_{i,t}$ 分别是股票 i 在第 t 个交易日从连续切换到收盘的价格变化比率、收盘交易量的对数和收盘前 15 分钟内的已实现波动率 [①]；$\Delta Rp_{m,t}^{cls}$ 是深证综指在第 t 个交易日从连续到收盘价格的变化比率；$D_{i,t}$ 和 $\mu_{i,t}$ 的定义如式（5-1）。

（3）市场效率的研究方法

有效市场假说认为，市场效率的改进意味着定价误差的减少。为了得到定价误差，我们首先估计 Fama & French（1992）的三因素模型：

$$R_{i,t} = \alpha + \beta_{i,1}^{cls} R_{m,t} + \beta_{i,2}^{cls} SMB_t + \beta_{i,3}^{cls} HML_t + \varepsilon_{i,t} \qquad （5-10）$$

式中，$R_{m,t}$ 是股票 i 在第 t 个交易日的收益率（第 t 个交易日与第 $t-1$ 个交易日的收盘价格的对数之差）；$R_{m,t}$、SMB_t 和 HML_t 分别是第 t 个交易日市场组合的收益率、公司规模因素的回报率和账面价值与市场价值之比因素的回报率；$\varepsilon_{i,t}$ 为第 t 个交易日交易者对股票 i 的定价误差。

为了考察采用开放式集合竞价收盘是否改善了市场效率，需检验定价误差的变化。因此，建立如下模型：

$$\varepsilon_{i,t} = \lambda_i + \lambda D_{i,t} + \mu_{i,t} \qquad （5-11）$$

[①] 本文采用高频数据计算波动率，数据频率的增加使数据受测量误差、市场微观结构因素的影响较大，而 Zhou（1996）提出的修正的已实现波动率恰好能够减少上述因素的影响。

式中，$\varepsilon_{i,t}$ 为第 t 个交易日股票 i 的定价误差，$D_{i,t}$ 和 $\mu_{i,t}$ 的定义如式（5-1）。

5.1.2 研究样本与数据

本节采用事件研究法，比较收盘竞价透明度提高前后收盘和收盘前15分钟内市场流动性的差异，以此判断收盘集合竞价透明度提高对收盘以及邻近收盘阶段的市场行为产生的影响。

我们首先选取事件前窗和事件后窗。因为深圳主板和中小企业板收盘集合竞价透明度的变化发生在 2006 年 7 月 1 日，而在这之前较远时间点中小企业板上市的股票数目较少，所以我们将事件前窗设定为 2006 年 5、6 月份，事件后窗设定为 2006 年 7、8 月份。此外，在 2006 年 5 月至 8 月间，除个别股票发生股权分置改革之外，深圳主板、中小企业板市场并没有发生影响市场行为的其它制度性的变化。因此，如果市场流动性、波动性在事件后窗确实发生了显著变化，那么可以认为这种变化是由收盘价格确定方式的变化所引起的。

本书的数据来源于深圳市国泰安信息技术有限公司（CSMAR）、北京色诺芬信息服务有限公司（CCER）提供的高频数据，以及万得数据资讯有限公司提供的中信指数数据。我们选取深圳证券交易所 A 股股票的分笔交易数据和日交易数据，剔除数据缺失或发生错误的股票，最后剩余376 只股票作为样本。此外，在分析收盘价格的信息效率时，采用同期中信综指作为市场指数；采用中信大盘指数和中信小盘指数计算公司规模因素的回报率；采用中信成长指数和中信价值指数计算公司账面价值和市场价值之比因素的回报率[①]。对于中小企业板块，本章选取 2006 年 5 月 1 日至 8 月 31 日期间在深圳中小企业板上市的 50 只股票作为样本。在考察收盘前连续竞价阶段市场流动性的变化时，本节采用高频分笔数据计算各指标的值。而在比较收盘阶段的流动性时，采用日数据计算各指标的值。同时对数据进行清洗，剔除错误数据及丢失数据。

[①] 采用中信指数的原因在于：深圳证券交易所没有按照成长性划分的指数。

5.2 收盘透明度与流动性

前述提及的相关理论已表明收盘价格确定机制的变化会影响市场的质量。虽然目前国际上对市场质量仍缺乏一个统一的衡量指标，但综合已有的研究成果来看，市场的流动性、波动性和有效性是反映市场质量最重要的内容。基于此，我们针对深圳主板市场采用开放式集合竞价收盘可能带来的影响，做出如下分析：

采用开放式集合竞价收盘可能对交易行为产生两方面的影响。一方面，集合竞价的交易成本较低，可能引起交易者推迟交易，导致收盘阶段的交易活动增加；另一方面，交易者试图操纵收盘价的成本和难度增加。此外，集合竞价不能确保所有的订单都能成交。如果不能成交，部分交易者就会面临隔夜风险。Steil（2001）的研究也表明，为了确保交易成功，知情交易者可能会选择在连续竞价阶段交易。在上述两方面的影响中，我们认为后一种因素会更明显，即总体上会导致集合竞价阶段的交易活动减少。这主要是因为开放式集合竞价增加了价格操纵者控制收盘价的成本和难度，以及开放式集合竞价的信息披露将弱化知情交易者的信息优势，从而进一步促使其选择在收盘前交易。

开放式集合竞价如果减少了收盘阶段的交易活动，那么就可能增加了收盘前的交易活动，进而增加了市场的流动性。做出这种推断的主要原因在于以下两点：第一，开放式集合竞价使得知情交易者选择在收盘前进行交易；第二，对价格操纵者而言，既然直接操纵收盘价格的困难增加，就可能选择影响收盘前一段时间内的成交价格（单笔成交价格的操纵成本很小），进而影响其它类型交易者对资产值的预期，并最终通过他们的订单递交行为实现间接影响收盘价格的目的。无论是知情交易者还是价格操纵者，他们若想在收盘前顺利完成交易，那么他们必将提交更多的订单，提供较小的交易成本吸引对手方进行交易，其结果是收盘前的市场流动性提高。

假设 5-1：采用开放式集合竞价收盘将减少收盘阶段的交易活动，增加收盘前的市场流动性。

5.2.1 主板市场收盘透明度对流动性的影响

5.2.1.1 描述性统计分析

　　首先，计算 376 只股票在样本期内表示市场质量的各个指标的平均值、中位数。其次，对收盘机制变化前后各指标的均值进行 T 检验，对中位数进行 Wilcoxon 符号秩检验，结果如表 5-2 所示。为了进一步分析收盘前交易行为的时间特征，本书以 3 分钟为单位（对应集合竞价的时间），将收盘前 15 分钟分成 5 个区间，分别计算每个区间内各指标的均值并绘图比较，结果如图 5-1 至图 5-4 所示。

表 5-2　收盘机制改变前后市场流动性比较的统计检验结果

交易时段	变　量	收盘交易机制改变前		收盘交易机制改变后	
		均　值	中位数	均　值（T 检验）	中位数（Wilcoxon）
收盘前 15 分钟	相对价差	0.002 6	0.002 4	0.002 5*** (0.001 1)	0.002 4* (0.056 9)
	波动率	0.002 8	0.002 6	0.002 3*** (0.000 0)	0.002 0*** (0.000 0)
	平均交易量	9 047.27	6 388.18	6 964.53*** (0.000 0)	5 281.82*** (0.000 0)
收盘阶段	参与积极性	0.023 4	0.019 8	0.015 2*** (0.000 0)	0.011 2*** (0.000 0)
	价格变动率	0.003 3	0.002 3	0.002 1*** (0.000 0)	0.001 4*** (0.000 0)
	交易量	1.79E+05	9.40E+04	6.54E+04*** (0.000 0)	3.30E+04*** (0.000 0)

注：*** 表示 1% 的水平上显著，* 表示 10% 的水平上显著。收盘前 15 分钟不包括收盘。

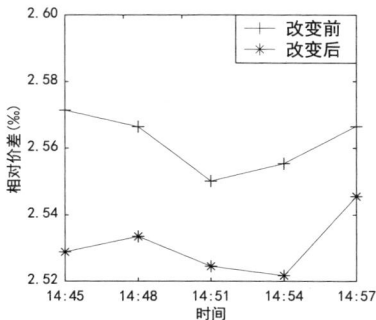

图 5-1　收盘前相对价差的分时特征对比

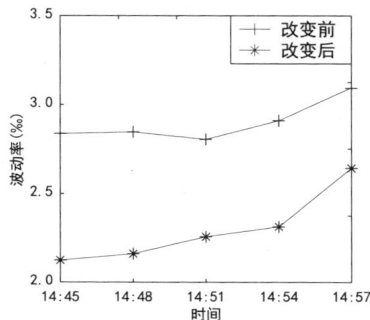

图 5-2　收盘前波动性的分时特征对比

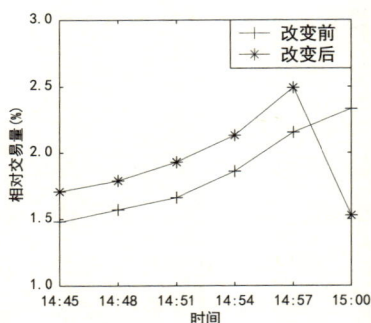

图 5-3 收盘前相对交易量的分时特征对比

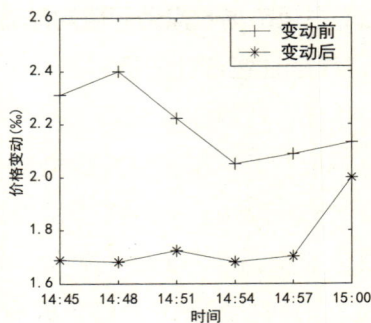

图 5-4 收盘前价格变动的分时特征对比

从表 5-2 和图 5-1 至图 5-4 可以看出，采用开放式集合竞价收盘之后，收盘前 15 分钟内的相对价差明显减小了 3.8%，平均每笔交易由 9047.27 手减少为 6964.53 手，并且交易量所占的比例明显增加。这表明，同日内其它时段相比，交易者在收盘前参与交易的积极性提高，交易成本明显减少。同时，已实现波动率明显降低了 17.86%。在收盘阶段，交易者的参与活动、从连续到收盘价格变动的幅度也都明显减小，减小的比例分别为 35.04% 和 36.36%。这表明，交易者参与收盘的积极性降低，从连续到收盘价格的连续性增强。这些变化是否由收盘交易机制的改变所引起还有待进一步检验。

5.2.1.2 回归结果与分析

将数据代入式（5-1），采用面板数据分析方法中的固定效应回归，同时进行异方差调整，得到的结果如表 5-3 所示。

表 5-3 收盘机制改变前后相对价差的回归结果

待估参数	估计值	T 统计量	p 值
α_1	0.109 5***	67.764 0	0.000 0
α_2	-1.67E-07***	-6.761 3	0.000 0
α_3	-0.000 1***	-47.316 3	0.000 0

待估参数	估计值	T 统计量	p 值
α_4	$-0.003\ 0^{***}$	$-5.846\ 7$	$0.000\ 0$
α_5	$-5.98E{-}13^{***}$	$-16.676\ 2$	$0.000\ 0$
α_6	$-9.72E{-}06^{*}$	$-1.745\ 0$	$0.081\ 0$
Adj-R^2 与 DW 值		$0.879\ 0$ $2.068\ 4$	

注：*** 表示 1% 的水平上显著，* 表示 10% 的水平上显著。

由表 5-3 可知，虚拟变量的系数 α_6 的估计值为负值，这与统计结果和提出的假设一致，说明收盘价格确定机制改为开放式集合竞价使相对价差下降，而且由 T 统计量和相应的 p 值可知，该结果是高度显著的。所以我们得到收盘前连续竞价阶段的交易成本明显减小的结论。

由于大额交易者和小额交易者对交易成本的不同成分有不同的关注度，本书利用式（5-2）中的 GH 模型将每只股票在每个交易日收盘前 15 分钟内的价差分解为固定交易成本和可变交易成本，然后考察这两部分成本随收盘交易机制的变动情况，即式（5-3）、（5-4），结果如表 5-4、5-5 所示。

表 5-4　收盘机制改变前后固定交易成本的回归结果

待估参数	估计值	T 统计量	p 值
β_1	$0.059\ 7^{***}$	$63.012\ 8$	$0.000\ 0$
β_2	$-2.38E{-}08$	$-1.569\ 0$	$0.116\ 7$
β_3	$3.51E{-}05^{***}$	$19.601\ 7$	$0.000\ 0$
β_4	$0.000\ 8^{***}$	$3.040\ 1$	$0.002\ 4$
β_5	$1.80E{-}05^{***}$	$7.545\ 4$	$0.000\ 0$
Adj-R^2 与 DW 值		$0.457\ 9$ $1.923\ 8$	

注：*** 表示 1% 的水平上显著。

表 5-5　收盘机制改变前后可变交易成本的回归结果

待估参数	估计值	T 统计量	p 值
γ_1	$-0.110\,2^{***}$	$-18.112\,1$	$0.000\,0$
γ_2	$-2.70E-07^{***}$	$-2.764\,9$	$0.005\,7$
γ_3	$9.85E-05^{***}$	$7.569\,5$	$0.000\,0$
γ_4	$9.73E-13^{***}$	$7.689\,3$	$0.000\,0$
γ_5	$-0.000\,1^{***}$	$-6.235\,3$	$0.000\,0$
Adj-R^2 与 DW 值		$0.112\,8$ $1.978\,4$	

注：*** 表示 1% 的水平上显著。

　　表 5-4、5-5 中，虚拟变量的系数 β_5 和 γ_5 的估计值具有不同的符号，说明采用开放式集合竞价收盘对固定交易成本和可变交易成本产生了不同的影响。并且可变交易成本明显增加，固定交易成本明显减少。对大额交易者（价格操纵者通常是大额交易者）来说，固定交易成本 λ 是影响其交易成本的主要因素，收盘机制的改变使其明显增加，这说明采用开放式集合竞价收盘增加了大额交易者控制价格的成本和难度。对于小额交易者（大部分不知情的散户投资者是小额交易者）而言，主要关注可变交易成本 ψ，结果发现收盘机制的改变使其明显减小。

　　显然，交易成本的变化会影响交易者的行为，收盘前较低的交易成本可能会吸引小额交易者参与交易，而大额交易者则会权衡在收盘前与收盘阶段交易的利弊。所以，收盘机制的改变也会影响交易者在收盘阶段的交易活动。利用式（5-6）来检验这种交易活动随收盘机制的变动情况，结果如表 5-6 所示。

表 5-6　收盘机制改变前后收盘交易量比率的回归结果

待估参数	估计值	T 统计量	p 值
δ_1	0.680 0***	24.141 8	0.000 0
δ_2	0.002 7***	25.264 6	0.000 0
δ_3	−0.294 7**	−1.972 0	0.048 6
δ_4	−0.006 0***	−18.849 4	0.000 0
δ_5	−0.008 4***	−42.637 5	0.000 0
Adj-R^2 与 DW 值		0.180 1 1.857 7	

注：*** 表示 1% 的水平上显著，** 表示 5% 的水平上显著。

　　由表 5-6 可知，虚拟变量的系数 δ_5 的估计值为负值，说明在收盘阶段交易者参与收盘的交易活动减小，而且由 T 统计量和相应的 p 值可知，该结果是高度显著的。事实上，在收盘附近主要有三类交易者参与交易。第一类是有操纵动机的大额交易者，而采用开放式集合竞价收盘增加了他们操纵收盘价的成本和难度，这类交易者有可能提前到收盘前交易。第二类是知情交易者，因为接近收盘时市场行情的变化会影响第二天的交易行为，而我国股票市场采用 T+1 交易制度，所以这类交易者更可能在收盘附近交易。由于采用开放式集合竞价收盘使得收盘前的交易成本减小，而在收盘阶段的执行风险增大，所以这类交易者更可能集中在连续竞价的最后几分钟交易。第三类是基于外生流动性需求的不知情交易者（大部分为小额交易者），集合竞价的执行风险也可能使他们提前提交订单以确保完成当日的交易。

　　总体而言，实证结果与我们提出的假设一致，即采用集合竞价收盘使得交易者的参与活动提前，导致收盘前的市场流动性增加，收盘阶段交易者的参与活动减少。

5.2.2 中小企业板市场收盘透明度对流动性的影响
5.2.2.1 描述性统计分析

在流动性方面，我们将分别计算样本期内 50 只股票在收盘前 15 分钟内的相对价差、市场深度、换手率、交易次数、交易量的均值和中位数，以及在收盘阶段交易者参与积极性的均值和中位数，并分别对收盘集合竞价透明度增加前后各指标的均值差异进行 T 检验，对中位数的差异进行 Wilcoxon 符号秩检验。同样地，我们计算了收盘前 15 分钟内的已实现波动率，并且进行比较检验，结果如表 5-7 所示。

表 5-7　收盘集合竞价透明度增加前后流动性和波动性比较的统计检验结果

交易时段	变　量	收盘交易机制改变前		收盘交易机制改变后	
		均　值	中位数	均　值 （T 检验）	中位数 （Wilcoxon）
收盘前 15 分钟	相对价差	0.001 9	0.001 9	0.002 1** （2.143 0）	0.002 1** （2.261 8）
	市场深度	10 424.59	9 346.74	9 424.84 （0.951 8）	7 934.83 （1.423 6）
	换手率	0.005 4	0.005 6	0.002 9*** （9.123 8）	0.002 7*** （6.799 5）
	交易次数	56.52	56.74	39.16*** （7.787 0）	38.50*** （6.221 7）
	交易量	2.56E+05	2.32E+05	1.55E+05*** （5.034 2）	1.38E+05*** （5.111 8）
	波动率	0.006 2	0.006 0	0.004 9*** （7.381 1）	0.004 9*** （6.216 7）
收盘阶段	参与积极性	0.016 5	0.016 4	0.014 8*** （4.147 3）	0.014 7*** （3.893 0）
	收盘收益率	0.000 4	0.000 4	0.000 4 （0.188 7）	0.000 4 （0.020 8）

注：*** 表示 1% 的水平上显著，** 表示 5% 的水平上显著；收盘前 15 分钟不包括收盘。

表 5-7 中的结果表明收盘集合竞价透明度提高后，与流动性有关的各指标发生了显著变化。其中，买卖价差明显增加，增加的比例为 10.53%，而市场深度、换手率、交易次数和交易量都明显减少，减少的比例分别为 9.59%、46.30%、30.71% 和 39.45%，这些变化说明收盘竞价透明度提高使得收盘前的市场流动性明显减少；在收盘阶段，交易者的参与积极性明显减小，减小的比率为 10.30%，这表明收盘阶段的市场流动性降低。同样地，收盘前的波动性明显降低，降低的比例为 20.97%。显然，流动性、波动性都明显降低，这是否由收盘集合竞价透明度的提高所引起还有待进一步检验。

5.2.2.2 回归结果与分析

分别将中小企业板关于买卖价差和市场深度的数据代入式（5-1）、（5-5），采用面板数据分析方法中的固定效应回归，同时进行异方差调整，进行回归分析。由于买卖价差受本市场行情的影响较小，在回归过程中剔除了式（5-1）中市场收益率和市场交易量这两个变量，得到的结果如表 5-8、5-9 所示。

表 5-8　中小企业板收盘机制改变前后相对价差的回归结果

待估参数	估计值	T 统计量	p 值
α_1	$0.085\,6^{***}$	32.417 3	0.000 0
α_2	$-1.34\text{E}-04^{***}$	$-7.552\,9$	0.000 0
α_3	$-9.91\text{E}-04^{***}$	$-17.148\,3$	0.000 0
α_6	$1.36\text{E}-04^{***}$	7.737 3	0.000 0
Adj-R^2 与 DW 值		0.537 2 2.029 9	

注：*** 表示 1% 的水平上显著。

表 5-9　收盘机制改变前后市场深度的回归结果

待估参数	估计值	T 统计量	p 值
φ_1	-48.0452^{***}	-20.6252	0.0000
φ_2	0.7456^{***}	44.9408	0.0000
φ_3	-0.6650^{***}	-12.3428	0.0000
φ_4	-0.0645^{***}	-4.0854	0.0000
Adj-R^2 与 DW 值		0.6344 2.0302	

注：*** 表示 1% 的水平上显著。

　　表 5-8 中，虚拟变量的系数 α_6 的估计值显著为正，说明收盘前的买卖价差明显增大，收盘竞价透明度提高使得收盘前的交易成本明显增加。表 5-9 中，虚拟变量的系数 φ_4 的估计值显著为负，说明收盘前的市场深度明显减小。这两个方面均表明，收盘集合竞价透明度提高后收盘前的市场流动性明显减小。事实上，如果采用封闭式集合竞价，在收盘前，交易者对当天信息的获取和认识已经到达一定的程度，但对第二天的信息仍不能确定，并且担心封闭式集合竞价过程中产生的执行风险和价格风险，从而在临近收盘阶段交易比较集中（研究表明，与其它时段相比，收盘前 10 分钟的交易量最大，换手率最高）。因此，交易者之间的竞争将使得申报价格比较激进（Aggressive），买卖价差较小，同时较多的交易者参与也会导致市场深度增加。采用开放式集合竞价之后，交易者在集合竞价过程中可以看到较多的市场信息，增强了参与收盘的信心，从而在临近收盘阶段交易者变得较有耐心，申报价格也不会过于保守，导致买卖价差增大，市场深度减少。因此，收盘集合竞价透明度提高有助于缓解收盘前的集中交易行为。

　　同样地，我们将收盘阶段的数据代入剔除市场收益率、市场交易量之后的式（5-6），检验集合竞价透明度提高对收盘阶段市场流动性的影响，得到的结果如表 5-10 所示。

表 5–10　收盘机制改变前后交易量比率的回归结果

待估参数	估计值	T 统计量	p 值
δ_1	0.436 2***	11.612 5	0.000 0
δ_2	0.001 3***	5.025 3	0.000 0
δ_5	-0.001 3***	-3.172 5	0.001 5
Adj-R^2 与 DW 值		0.053 2 1.998 3	

注：*** 表示 1% 的水平上显著。

由表 5–10 可知，虚拟变量的系数 δ_5 的估计值显著为负，说明收盘阶段的交易量明显减小。这是由于收盘价是影响收益率的主要因素，为了影响收盘价，机构投资者会在收盘时大量买卖股票。收盘集合竞价的透明度提高之后，这种交易行为容易被观察，机构投资者在收盘阶段的交易活动将明显减少，导致成交量明显减小（即便透明度提高吸引了不知情交易者参与，与机构投资者相比，不知情交易者大部分为散户，交易量比较小）。

5.3 收盘透明度与波动性

采用开放式集合竞价收盘将引起知情交易者提前交易，从而导致信息提前被释放。特别是在连续交易的最后几分钟，大部分信息已经被释放，交易者对风险资产的估计值比较接近，导致价格的波动性减小。

采用开放式集合竞价增加了操纵者直接影响收盘价格的成本，迫使他们在收盘阶段放弃提交过于偏离上一笔成交价的订单，从而增加了从连续到收盘价格的连续性。此外，如果价格操纵者选择影响收盘前的成交价的话，那么这种行为将进一步增加价格的连续性。最后，参与开放式集合竞价收盘的大部分可能是仍然希望交易的不知情交易者，他们的交易动机是基于外生的流动性需求，提交的订单不太可能大幅偏离上一笔成交价，即从连续到收盘价格的变动幅度减小，价格的连续性增强。

假设 5-2：采用开放式集合竞价收盘将降低收盘前的价格波动性，增加从连续到收盘价格的连续性。

5.3.1 主板市场收盘透明度对波动性的影响

将数据代入式（5-7），采用面板数据分析方法中的固定效应回归，同时进行异方差调整，得到的结果如表 5-11 所示。

表 5-11　收盘机制改变前后收盘前波动性的回归结果

待估参数	估计值	T 统计量	p 值
η_1	4.78E-06***	44.616 4	0.000 0
η_2	-8.04 E-11**	-2.214 3	0.026 8
η_3	0.645 3***	57.010 0	0.000 0
η_4	-0.000 2***	-11.633 2	0.000 0
Adj-R^2 与 DW 值		0.298 7 1.972 2	

注：*** 表示 1% 的水平上显著，** 表示 5% 的水平上显著。

表 5-11 中，虚拟变量的系数 η_4 的估计值为负值，而且由 T 统计量和相应的 p 值可知，该结果是高度显著的，与提出的假设一致。收盘机制的改变使收盘前的波动性明显减小，表明收盘前的信息交易和噪声交易减少，交易者申报的价格非常接近。这种交易行为会进一步影响收盘阶段价格的波动性，进而影响从连续竞价到收盘价格的连续性。

同样地，我们利用式（5-8）比较了收盘价格确定机制改变前后从连续竞价到收盘阶段价格变化的幅度，结果如表 5-12 所示。

表 5-12　收盘机制改变前后从连续到收盘价格变化幅度的回归结果

待估参数	估计值	T 统计量	p 值
ρ_1	2.77E-09***	36.893 0	0.000 0
ρ_2	0.643 9***	102.314 3	0.000 0
ρ_3	0.200 8***	35.886 6	0.000 0
ρ_4	0.485 1***	25.656 9	0.000 0
ρ_5	-0.000 4***	-13.956 3	0.000 0
Adj-R^2 与 DW 值		0.487 5 1.969 2	

注：*** 表示 1% 的水平上显著。

由表 5-12 可知，虚拟变量的系数 ρ_5 的估计值显著为负值，表明从连续到收盘价格变化的幅度减小，价格的连续性增强，与我们提出的假设一致。事实上，收盘竞价由连续竞价改为集合竞价，增加了交易者操纵收盘价的成本和难度，价格操纵者在收盘阶段会放弃改变价格走势的动机，使得从连续到收盘价格变化的幅度减小。同时，与连续竞价的逐笔交易相比，集合竞价是将 3 分钟到达的订单集中撮合成交，订单的到达过程不会对成交价造成冲击，并且信息交易引起的价格波动也会因多方的博弈而减小，导致价格的变化幅度减小。

5.3.2 中小企业板市场收盘透明度对波动性的影响

将中小企业板的数据代入剔除市场收益率的式（5-7），采用面板数据分析方法中的固定效应回归，同时进行异方差调整，得到的结果如表 5-13 所示。

表 5-13 收盘机制改变前后波动率的回归结果

待估参数	估计值	T 统计量	p 值
η_1	0.002 3***	22.894 9	0.000 0
η_2	−0.002 5***	−5.476 5	0.000 3
η_4	−5.64E-04***	−6.101 7	0.000 0
Adj-R^2 与 DW 值		0.183 0 1.999 9	

注：*** 表示 1% 的水平上显著。

　　表 5-13 中，虚拟变量的系数 η_4 估计值显著为负值，说明集合竞价透明度增加使收盘前的市场波动性明显减小，这主要由以下原因产生。第一，在之前的封闭式集合竞价时期，为了节约资金而使收盘价达到较高价位，庄家将在收盘前突然提交一笔大的买单或卖单，把股价拉高或压低，导致收盘前的波动性比较大。但采用开放式集合竞价收盘之后，交易者可以对此现象进行及时反应，导致庄家影响收盘价的风险增加，使得这种"突袭尾盘"发生的可能性减小，进而使得波动性降低。第二，集合竞价透明度增加缓解了收盘前的集中交易现象，从而导致噪声交易减少，波动性降低。第三，在临近收盘时，交易者可能对第二天的信息提前反应，但若参与封闭式集合竞价收盘，将会承担较大的风险。于是，交易者更可能在收盘前交易，引起价格波动性增加。集合竞价透明度增加给交易者提供了确认和修改已获得信息的机会，收盘前的交易者将会更有耐心等待，由信息交易引起的波动性也将减小。

　　同样地，将中小企业板的数据代入剔除市场价格变化比的式（5-9），采用面板数据分析方法中的固定效应回归，同时进行异方差调整，得到的结果如表 5-14 所示。

表 5-14 收盘机制改变前后价格变化的回归结果

待估参数	估计值	T 统计量	p 值
ρ_1	$-3.21\text{E}-04^{***}$	-0.7687	0.0000
ρ_2	0.6128^{***}	28.4616	0.0003
ρ_3	0.3174^{***}	22.1841	0.0000
ρ_5	$-5.07\text{E}-04^{***}$	-5.6196	0.0000
Adj-R^2 与 DW 值		0.2968 2.0609	

注：*** 表示 1% 的水平上显著。

由表 5-14 可知，虚拟变量的系数 ρ_5 的估计值显著为负，说明在收盘集合竞价透明度提高之后从连续到收盘价格的变化幅度明显减小，价格的连续性增强。这表明，即便是集合竞价透明度提高有可能吸引知情交易者（对第二天的信息提前反应的交易者）和不知情交易者（集合竞价过程中披露的虚拟信息为不知情交易者提供了下单依据，增强其参与信心）参与收盘使得价格变化增大，但总的结果是价格变化的幅度明显减小，这更进一步验证了集合竞价透明度提高明显减少了庄家操纵收盘价的可能性。此外，在封闭式集合竞价过程中，由于交易者缺乏有关的市场信息，其报价比较盲目。特别是，在有新信息到达时，交易者对其产生不同的预期，导致价格的变化较大。而采用开放式集合方式之后，新出现的信息将随着虚拟成交价、成交量的披露被传递，交易者对其预期不断地修正和更新，致使买卖报价会更加接近，价格的连续性增强。从这个角度来说，集合竞价透明度增加不仅减少了价格操纵，也提高了收盘价的信息效率。

5.4 收盘透明度与有效性

分别将收盘价格形成机制改变前、后的数据代入式（5-10），利用截面回归得到每个交易日收盘价的定价误差。然后，将定价误差代入式（5-11），采用面板数据分析方法中的固定效应回归，同时进行异方差调整，得到收盘交易机制的改变对价格效率的影响，结果如表5-15所示。

表 5-15 收盘机制改变前后收盘价格信息效率的回归结果

待估参数	估计值	T 统计量	p 值
λ	$-0.021\,2^{***}$	$-3.918\,0$	$0.000\,1$
Adj-R^2 与 DW 值		$0.013\,3$ $2.001\,1$	

注：*** 表示 1% 的水平上显著。

表 5-15 中，虚拟变量的系数 λ 的估计值明显小于 0，说明收盘交易机制改变后定价误差减小，价格效率提高。这表明采用开放式集合竞价收盘减少了操纵收盘价的行为，加快了信息的揭示。同时，不可撤单以及披露的虚拟价格、虚拟交易量等信息促使了参与集合竞价的交易者在订单中反映其对资产的真实预期，使得最终形成的收盘价格的定价误差更小，代表性更好。

5.5 本章小结

收盘价格确定机制是证券市场交易机制设计的一个重要内容。收盘价格的特殊性和广泛使用使得许多投资者有人为操纵价格的动机。出于对收盘价格的重要性和代表性等多方面的考虑，包括深圳证券交易所在内的许多证券市场逐渐地开始采用集合竞价方式确定收盘价格。本章主要从市场流动性、价格波动性等方面研究了收盘价格确定机制的改变对深圳股票市场产生的影响。具体研究内容及结论分为以下两个部分。

第一，采用深圳 A 股股票的交易数据研究了收盘价格的确定方式由最后 1 分钟交易量加权平均改为开放式集合竞价之后市场行为的变化。研究结果表明，收盘交易机制的改变使得收盘前和收盘阶段的市场质量都发生了显著变化，主要体现在以下几个方面。在收盘前 15 分钟内的连续竞价阶段，交易活动明显增多，买卖价差减少，大额交易者的交易成本上升，小额交易者的交易成本减小，市场流动性增加，价格的波动性减小。从连续竞价切换到收盘价格变化的幅度明显减小，价格的连续性增大。在收盘阶段，虽然交易者的参与活动减少，但是开放式集合竞价使交易者提交了更加合理的订单，最终使收盘价更加准确地反应收盘时的市场行情信息。总体而言，引入开放式集合竞价收盘机制使得交易者提前交易，减少了价格操纵行为，提高了收盘价的信息效率，从整体上提高了股票市场的质量。

第二，采用中小企业板股票的交易数据，从市场流动性和价格波动性两个方面研究了收盘集合竞价透明度提高对市场行为产生的影响。研究结果表明，不但收盘前的市场流动性、波动性减小，而且从连续到收盘价格的连续性增大，交易者参与收盘的积极性降低，收盘阶段的市场流动性减小。根据市场微观结构理论和在临近收盘时可能参与中小企业板的交易者的行为，我们得到以下结论：集合竞价透明度提高不仅缓解了收盘前的集中交易现象，而且减小了庄家操纵收盘的可能性，使得价格的波动性减小，信息效率得到提高。

————————— 第 6 章 —————————

连续竞价透明度对市场的影响

在我国证券市场，除开、收盘采用集合竞价交易之外，大部分时间（9:30 至 11:30 和 13:00 至 14:57）采用连续竞价交易。正如第三章所研究的那样，在集合竞价的提单过程中透明度影响交易者的行为。同样地，在连续竞价阶段，订单簿揭示范围的变化也会影响交易者观察市场信息的能力，以及对价值预期的更新。

根据第一章的介绍，在不同的证券市场，市场模式和投资者结构等方面的差异决定了证券市场需要不同的透明度。就中国证券市场而言，参与连续交易的投资者结构是什么样的？他们需要什么样的透明度？当前的透明度提高对此产生了什么样的影响？尽管王茂斌和孔东民（2007）、董锋和韩立岩（2006）等分别采用理论和实证检验的方法对其进行了研究，但理论模型假定交易者是流动性交易者，他们的交易行为不依赖于证券的当前价格与其他交易者的行为，这与现实市场的差距较大，特别是我国股票市场上存在着大部分不知情交易者，他们提交订单的唯一依据就是当前的市场信息。同时，当前的实证检验结果并没有得到一致结论。因此，本章通过检验订单簿透明度提高对市场流动性、波动性的影响，分析参与连续交易的交易者结构，进而说明在中国这种投资者结构中透明度对市场行为的影响。

6.1 研究设计

6.1.1 研究方法

本书采用事件研究法比较限价订单簿透明度提高前后市场流动性、价格波动性的差异。因股票市场买卖盘揭示"3 档"变"5 档"发生在 2003 年 12 月 8 日，所以我们选取 2003 年 11 月为事件前窗。由于买卖盘揭示范围扩大是一直持续进行的，而我国股票市场投资者对一个事件的反应通常会过度，为了考察透明度提高的长期影响，本书选择 2004 年 11 月作为事件后窗，也可以消除季节效应。在选择实证模型时，本章通过建立带虚拟变量的多元回归模型来研究透明度对市场流动性、价格波动性的影响。

6.1.2 研究样本与数据

本章的数据来源于深圳市国泰安信息技术有限公司提供的中国股票市场高频交易数据库（CSMAR）、北京色诺芬信息服务有限公司提供的指数高频数据库（CCER 经济金融数据库），这两个数据库分别记录了每个交易日各只股票和指数的逐笔交易数据。由于本书的目的是分析 2003 年 12 月 8 日我国主板市场订单簿透明度提高对市场流动性、波动性的长期影响，我们选取上海证券交易所 A 股股票的分笔交易数据，剔除在样本期间股本发生变动的股票，以及数据缺失、发生错误的股票，最后剩余 442 只股票作为样本。

6.2 连续竞价透明度与流动性

订单簿透明度提高为交易者提供了更多的与交易有关的信息，交易者之间的信息不对称程度降低，但这并不意味着必然会提高市场的流动性和价格发现效率。事实上，现有文献关于透明度对市场流动性产生正面还是负面的影响，存在很大的分歧。原因在于，订单簿透明度提高是否会增加市场流动性与特定市场的交易者构成密切相关。根据市场微观结构理论，市场上的交易者大体上可以分为知情交易者和不知情交易者。根据 Admati & Pfleiderer（1988）的研究，不知情交易者又可分为自主交易者（Discretionary Uninformed Traders）和不自主交易者（Nondiscretionary Uninformed Traders）。通过文献回顾，并结合市场微观结构理论（Harris，1998；Ma，Lin & Cheng，2005），我们大致可以做出如下判断。

一方面，透明度提高后，知情交易者的私人信息扩散速度加快，提交限价指令的可能性减小，从而导致深度减小。此外，为了充分利用私人信息，知情交易者更可能提交具有市价指令性质的限价指令，即买入交易者会直接选择和已有的卖方指令成交[①]。因此，交易前透明度提高会引起知情交易者消耗市场深度，特别是最优价位上的深度。

另一方面，透明度提高使得信息不对称程度降低，对不知情交易者来说市场价格变得更加合理，从而使参与交易的积极性提高，更多的不知情交易者参与会增大市场深度。考虑到知情交易者可能会直接选择在对方最好价位上成交，为避免损失，可以选择在任何时段内进行交易的自主交易者可能更倾向于在第2或第3个价位（甚至更靠后的价位）上提交限价指令。而不自主交易者由于受到限制（例如，急于买进或卖出），只能在特定时段交易或者急于成交，所以更倾向于在最优价位上提交指令且提交的指令更可能比自主交易者提交的指令大。因此，透明度提高后市场流动性怎样变化取决于市场上知情交易者和不知情交易者所占的比例及不知情交易者的类别。

---

① 如果是大额指令，那么知情交易者可能会拆成若干个小额的市价指令（或具有市价指令性质的限价指令）。

6.2.1 描述性统计分析

为了比较订单簿透明度变化前后市场流动性的不同，我们分别计算每只股票在透明度变化前后的相对价差、市场深度等，然后对所有股票求平均，最后对其进行显著性 T 检验，同时算出各指标的中位数，并进行 Wiloxon 符号秩检验。结果如表 6-1 所示。

表 6-1　订单簿透明度提高前后流动性比较的描述性统计结果

	2003.11		2004.11		指标差异检验	
	均　值	中位数	均　值	中位数	均　值 （T 检验）	中位数 （Wiloxon）
Dep_0	3.46E+04	2.30E+04	5.24E+04	3.35E+04	1.78E+04*** (4.627 8)	1.05E+04*** (7.014 5)
Dep_1	1.29E+04	6.48E+03	1.83E+04	9.18E+03	0.54E+04* (1.962 1)	2.70E+03*** (5.890 6)
Dep_2	1.06E+04	7.82E+03	1.63E+04	1.14E+04	0.57E+04*** (5.760 4)	3.58E+03*** (7.730 8)
Dep_3	1.11E+04	7.71E+03	1.78E+04	1.18E+04	0.67E+04*** (5.925 7)	4.09E+03*** (8.338 8)
$Rdep_{21}$	1.82	1.41	1.80	1.51	−0.02 (0.172 8)	0.1 (0.943 3)
$Rdep_{31}$	2.15	1.69	2.20	1.85	0.05 (0.391 1)	0.16** (2.311 4)
$Rdep_{32}$	0.96	0.67	0.84	0.64	−0.12 (1.321 4)	−0.03 (1.618 4)
bas	0.003 4	0.003 1	0.003 3	0.003 0	−0.000 1 (0.753 0)	−0.000 1 (0.250 3)
vol	1.22E+06	7.61E+05	1.47E+06	9.44E+05	0.25E+06** (2.354 4)	1.83E+05*** (3.047 7)
$trades$	362.63	303.90	394.31	332.39	31.68** (2.030 8)	28.49* (1.891 8)
vol_m	1.37E+09	1.37E+09	1.36E+09	1.36E+09	1.0E+07*** (32.756 0)	1.0E+07*** (29.120 1)

注：Dep_0 表示前 3 个价位上总的市场深度；Dep_1、Dep_2、Dep_3 分别表示第一、第二和第三价位上的市场深度；$Rdep_{21}$、$Rdep_{31}$ 分别表示与第一价位上的深度相比，第二和第三价位上的深度增加的比例，$Rdep_{32}$ 表示与第二价位上的深度相比，第三价位上的深度增加的比例；bas、vol、$trades$ 分别表示买卖价差、交易量和交易次数；vol_m 表示市场交易量；*** 表示 1% 的水平上显著，** 表示 5% 的水平上显著，* 表示 10% 的水平上显著。

表 6-1 中，可以看出订单簿透明度提高之后，每个价位上深度的均值和中位数都发生了显著增大。其中，前 3 档价位上总的深度增大的比例为 51.45%，而每档价位上增大的比例分别为 41.86%、53.77%、60.36%。尽管如此，但是与第一价位上的深度相比，其他价位上的深度增加的比例不是很明显，买卖价差也没有发生显著的改变。除此之外，与流动性有关的交易量和交易次数却发生了显著变化，两者都显著增加，增加的比例分别为 20.49%、8.74%。

6.2.2 多元回归分析

虽然通过上述检验发现，市场深度发生了显著增大，买卖价差没有发生显著变化，但是这种变化可能受到市场行情、季节效应等因素的影响，并不一定说明这些变化是由订单簿的透明度提高所引起。为了进一步考察订单簿透明度对市场流动性的影响，我们将通过建立带虚拟变量的多元回归模型，比较订单簿透明度提高对买卖价差和市场深度的影响。

（1）买卖价差是衡量交易者在交易过程中支付的交易成本的直接指标

Brockman & Chung（1999）检验了买卖价差和交易量、波动性之间的关系，发现交易者在波动性比较高的市场中将通过提高卖价降低买价以补偿潜在的逆向选择风险，从而导致市场买卖价差增大。如果市场波动性较低，交易者承担的风险较小，那么需要的风险补偿也较小，从而买卖价差将减小。同样地，交易量是衡量市场活跃程度的指标，交易量越大，交易者改变其投资组合越容易，且需要付出较少的交易成本。否则，为了完成需要的交易量，必须付出更大的交易成本。因此，为了考察订单簿透明度对买卖价差的影响，我们将上述变量作为控制变量，设置带有虚拟变量的回归模型如下：

$$
\begin{aligned}
RS_{i,t} = \alpha_i + \alpha_1^c Rv_{i,t} + \alpha_2^c \ln Vol_{i,t} + \alpha_3^c \ln p_{i,t} + \\
\alpha_4^c R_{m,t} + \alpha_5^c \ln Vol_{m,t} + \alpha_6^c D_{i,t} + \mu_{i,t}
\end{aligned}
\tag{6-1}
$$

式中，$RS_{i,t}$ 为平均相对价差，$Rv_{i,t}$、$\ln Vol_{i,t}$ 和 $\ln p_{i,t}$ 分别为股票 i 在

第 t 个交易日已实现波动率、交易量的对数和平均成交价的对数；$R_{m,t}$ 和 $\ln Vol_{m,t}$ 分别为上证综指在第 t 个交易日的收益率和成分股交易量的对数；$D_{i,t}$ 是虚拟变量，在订单簿透明度提高之前取值为 0，之后取值为 1；$\mu_{i,t}$ 为误差项。

（2）市场深度反映了市场在某一个特定价格水平上可交易的订单数量

在深度较大的市场，一定数量的交易对价格的冲击相对较小，而深度较小的市场，同等数量的交易对价格的冲击将较大。Harris（1994）在考察深度的影响因素时发现，市场深度受到交易量、波动率和成交价等因素的影响。因此，我们把上述影响因素选作控制变量，通过设置带有虚拟变量的回归模型检验透明度的变化对市场深度的影响，建立的模型如下：

$$
\begin{aligned}
\ln Dep_{i,t} = \beta_i + \beta_1^c Rv_{i,t} + \beta_2^c \ln Vol_{i,t} + \beta_3^c \ln cp_{i,t} + \\
\beta_4^c R_{m,t} + \beta_5^c \ln Vol_{m,t} + \beta_6^c D_{i,t} + \mu_{i,t}
\end{aligned}
\tag{6-2}
$$

式中，$\ln dep_{i,t}$ 分别表示总的市场深度的对数和第一、第二、第三价位上的市场深度的对数；$Rv_{i,t}$、$\ln Vol_{i,t}$、$\ln p_{i,t}$、$R_{m,t}$、$\ln Vol_{m,t}$、$D_{i,t}$ 和 $\mu_{i,t}$ 的定义如式（6-1）。

因为知情交易者的参与导致市场深度减小，不知情交易者的参与使市场深度增大，并且具有不同交易动机的自主和不自主交易者对不同价位上市场深度的影响程度不同，所以为了进一步比较不同价位上市场深度增大的相对大小，建立如下模型：

$$
Rdep_{i,t} = \gamma_i + \gamma_1^c D_{i,t} + \mu_{i,t}
\tag{6-3}
$$

式中，$Rdep_{i,t}$ 表示股票 i 在第 t 个交易日的不同价位上市场深度增大的比例，其分别为第二价位上的深度比第一价位上的深度增加的比例、第三价位上的深度比第一价位上的深度增加的比例、第三价位上的深度比第二价位上的深度增加的比例；$D_{i,t}$ 和 $\mu_{i,t}$ 的定义如式（6-1）。

6.2.3 实证结果与分析

将数据分别代入式（6-1）、式（6-2），采用面板数据分析方法中的固定效应回归，同时进行异方差调整，得到的回归结果如表6-2、6-3所示。

表6-2 订单簿透明度提高前后相对价差的回归结果

待估参数	估计值	T 统计量	p 值
α_1^c	0.0160***	16.3464	0.000 0
α_2^c	0.0001***	7.6943	0.000 0
α_3^c	−0.0020***	−29.9209	0.000 0
α_4^c	0.0015***	3.4116	0.000 6
α_5^c	−0.0006***	−31.8734	0.000 0
α_6^c	−0.0002***	−9.1401	0.000 0
Adj-R^2 与 DW 值		0.6055 2.0509	

注：*** 表示1% 的水平上显著。

表6-2中，虚拟变量系数的估计值显著为负。这说明订单簿透明度提高后，买卖价差明显减小，交易成本下降。这是因为透明度提高后，不知情交易者可以获得更多的信息，不同交易者之间的信息不对称程度降低，逆向选择成本将下降，所以买卖价差减小。对于知情交易者而言，透明度提高后，其私人信息反映到价格中的速度加快，参与积极性会降低，但是如果不参加交易或少参加交易，那么其私人信息就得不到充分利用。因此，为了尽快利用私人信息获利，知情交易者的报价会更加激进，即在买卖价差内提交订单或者提交市价订单，使得买卖价差减小。

表 6-3　订单簿透明度提高前后深度的回归结果

待估参数	Dep	Dep_1	Dep_2	Dep_3
β_1^c	1.067 7*** (3.202 8)	1.773 2*** (3.437 8)	−0.122 7 (−0.259 4)	−0.691 9* (−1.649 7)
β_2^c	0.404 4*** (31.880 3)	0.487 2*** (25.225 9)	0.386 8*** (22.707 3)	0.329 6*** (19.864 5)
β_3^c	−0.484 1*** (−12.431 8)	−0.433 5*** (−7.860 9)	−0.715 7*** (−14.106 2)	−0.661 2*** (−13.170 2)
β_4^c	3.757 1*** (9.933 4)	4.439 6*** (7.218 8)	3.981 1*** (7.458 8)	3.456 3*** (6.694 0)
β_5^c	0.223 4*** (15.367 0)	0.218 5*** (9.732 5)	0.214 8*** (10.830 0)	0.212 3*** (10.997 1)
β_6^c	0.265 4*** (20.273 7)	0.240 8*** (12.664 3)	0.264 6*** (15.409 4)	0.312 5*** (18.506 9)
Adj-R² 与 DW 值	0.619 5 2.021 4	0.371 8 2.002 6	0.475 5 2.009 3	0.492 3 2.015 6

注：括号内为 T 统计量的值；*** 表示 1% 的水平上显著，** 表示 5% 的水平上显著。

　　表 6-3 中，第一列为总的市场深度对透明度的回归结果，由虚拟变量的系数估计值显著大于零，表明订单簿透明度提高之后总的市场深度显著增大。根据透明度、市场深度与交易行为之间的关系，我们得到透明度的提高吸引了大量的不知情交易者参与交易，同时不知情交易者对深度的影响大于知情交易者的结论。产生这一结果的原因有以下两种。

　　第一，市场上不知情交易者的数量远远多于知情交易者，市场上信息不对称的程度并不是十分严重。

　　第二，参与交易的不知情交易者的数量较小，但是每一笔订单对应的交易量很大，这种可能性较小[①]。

　　因此，考虑到知情交易者可能存在拆单行为，我们可以推断，中国股票市场上不知情交易者的数量比知情交易者的数量多。第二、第三、第四列分别为第一、第二和第三价位上的市场深度对透明度的回归结果，虚拟变量的系数都是显著大于零，说明前 3 档价位上的市场深度都是随着透明度的提高而增大。第一个价位上市场深度增大的原因是，在我国股票市

[①] Boehmer，Saar & Yu（2005）发现交易前透明度提高后，限价指令规模明显变小。

场，散户投资者为主体，而大多数散户为不知情交易者。透明度提高后，虽然知情交易者（比如庄家和部分机构投资者）的交易行为会减小深度，但是最优价位上的报价深度随着透明度的提高不但没有减少，反而增大。因此，我们可以推测，透明度提高以后，不自主交易者的行为对深度的影响大于知情交易者。同样的原因，我们可以推断：不自主交易者的数量可能大于知情交易者的数量[1]。同样地，第二、三价位上的深度随透明度的提高而增加，表明透明度提高吸引了更多的自主交易者参与交易，而自主交易者更有耐心等待，以寻找最佳成交时机。

为了进一步考察不知情交易者对市场深度的影响，需要比较透明度变化前后每个价位上深度的变化情况。将不同价位上深度增加的数据代入式（6-3），采用面板数据分析方法中的固定效应回归，同时进行异方差调整，得到的回归结果如表6-4所示。

表6-4　相邻价位上深度增加的比例与透明度的回归结果

待估参数	Dep_{21}	Dep_{31}	Dep_{32}
γ_1^c	0.0829* (0.0535)	0.1600*** (3.2252)	−0.0321 (−1.2819)
Adj-R^2 与 DW 值	0.0157 1.9997	0.0194 1.9922	0.0117 2.0101

注：括号内为 T 统计量的值；*** 表示 1% 的水平上显著，* 表示 10% 的水平上显著。

表6-4中，第二、三列分别为第二、三价位上的市场深度比第一价位上的深度增大的比例对透明度的回归结果，由虚拟变量的系数显著大于零，说明第二、三价位上的深度比第一价位上的深度增大的比例随透明度的提高而增大，并且该结果是高度显著的。这说明，透明度提高后，相比于最优价位，更多的交易者倾向于在第二和第三个价位上提交订单。不在最优价位上提交订单的交易者显然更有耐心，他们愿意通过等待而获得更好的成交价（当然也可能承担不能成交的风险）。根据前面对不知情交易

---

[1] 由于受到数据的限制，目前还不能检验知情交易者提交的每一笔指令所对应的交易量比不自主交易者的大。

者类型的划分，这些愿意等待的交易者更可能是自主交易者。实证结果表明，透明度提高后，自主交易者对深度的影响比不自主交易者大。进一步，虽然自主交易者和不自主交易者都是不知情交易者，但是不自主交易者大多受到急于交易的限制，不自主交易者提交的每一笔指令对应的交易量一般不小于自主交易者。因此，我们可以推断，中国股票市场上自主交易者的数量比不自主交易者多。

表 6-4 中，第四列为第三价位上的市场深度比第二价位上的深度增大的比例对透明度的回归结果，发现虚拟变量的系数为负值，但是并不显著。这说明透明度提高之后，相对于第二价位，交易者在第三价位上提交的订单有减少的趋势，但两者并没有明显的差异。也就是说，随着透明度的提高，交易者更愿意在第二价位上提交指令，虽然总体上各个价位上的深度都可能增大[①]，但除最优价位之外的相邻价位的深度变化不明显。从这个意义上讲，进一步提高交易前透明度（例如，由 5 档行情变为 10 档行情）可能对市场深度不会有太大的影响。事实上，从交易者类型的角度来看，最优价位和其他价位上的深度变化是由不同类型的不知情交易者产生的，而其它价位上深度的变化不明显同样也是自主交易者交易行为的结果。

通过比较指令薄透明度提高前后买卖价差和市场深度，本节发现透明度提高之后，买卖价差减小，最优 3 档价位上的深度都显著增大，且第二、第三价位上的深度比最优价位上的深度增大得更多。通过对实证结果的分析，我们可得到以下结论。

在中国股票市场，透明度提高使得不知情交易者掌握更多的市场信息，降低了和知情交易者之间的信息不对称程度，减少了其参与交易的成本，吸引了更多的不知情交易者参与交易。结果发现市场上参与交易的不知情交易者的数量远比知情交易者的数量多，且在不知情交易者中，自主交易者又比不自主交易者的数量多，即便是不自主交易者的数量仍然有可能比知情交易者多。这个结论和我国股票市场上散户为主体的现象相吻合，同时也说明中国股票市场的信息不对称程度并不是十分严重。此外，

---

① 某些价位也可能减小，但由于受到数据的限制，目前还不能对此进行检验。

本书的实证结果还预示进一步提高指令薄的透明度可能并不会显著增大市场的深度，当然这个预示是否正确还需要进一步的研究。

6.3 连续竞价透明度与波动性

在证券市场，证券价格的形成在很大程度上是由信息决定的。因为交易者的买卖报价是基于自己所收集或所观察到的市场信息，不同投资者对信息的获取能力不同，与不知情交易者相比，知情交易者具有信息优势，所以市场信息在不同交易者之间的分布是不均衡的。这种不均衡的程度越大，价格的变化越大，导致交易者将面临的风险也越大，不知情交易者可能遭受较大的损失。如果提高市场的透明度，那么交易者之间的信息不对称程度将降低，即不知情交易者可以获得更多的市场信息，同时知情交易者的信息优势减弱。因此，透明度提高将产生以下结果：信息扩散速度加快，为了利用信息交易的知情交易者提交的价格比较激进，导致波动性增大。在市场上不知情交易者的数量较多的情况下，透明度提高使不知情交易者观察到更多的信息，提交的价格会比较接近，导致价格的波动性减小。事实上，关于透明度对波动性会产生什么样的影响的问题，还没有得到一致的结论。

从文献评述可知，订单簿透明度提高对市场波动性产生正面还是负面的影响与特定的市场结构以及该市场上交易者的构成密切相关。根据上节订单簿透明度对市场流动性的影响，我们得到中国股票市场上不知情交易者的数量远远多于知情交易者的数量，自主交易者的数量多于不自主交易者的数量的结论。针对中国无做市商的连续竞价市场上这种特殊的交易者构成，限价订单簿透明度提高后市场波动性会发生什么样的变化呢？张胜记和刘海龙（2005）、董锋和韩立岩（2006）都对此进行了研究，得到了不同的结论。其中，张胜记和刘海龙（2005）采用每天的收盘价算出日收益率，利用 ARCH 模型估计条件方差作为日波动率。虽然该方法能够捕捉到方差的集聚性，但是它更多地反映了收盘附近价格的变化情况，而不能全面包含一天中剩下时段价格的异常变化。董锋和韩立岩（2006）选取的事件后窗为 2004 年 1 至 3 月，统计结果表明在样本期内波动性的变化也不是一成不变的，而是先减小，然后略有增大，最后再减小。这说明市场对透明度提高这一事件的反应还没有达到稳定的程度，交易者的交易行为有一个调整的过程。为了比较订单簿透明度提高对市场波动性的影响，我们选取 2003 年 11 月作为事件前窗，2004 年 11 月作为事件后窗，一方面市场对该事件的反应已经达到了稳定，另一方面消除了季节效应。

6.3.1 描述性统计分析

在度量市场的波动性时，我们采用分笔数据计算每只股票每天的已实现波动率，然后求其在 2003 年 11 月和 2004 年 11 月的均值和中位数，并且对均值进行显著性 T 检验，对中位数进行 Wilcoxon 符号秩检验，检验结果如表 6-5 所示。

表 6-5　订单簿透明度提高前后波动性比较的描述性统计结果

	2003.11		2004.11		指标差异检验	
	均值	中位数	均值	中位数	均值 （T检验）	中位数 （Wiloxon）
absvol	0.026 6	0.025 9	0.025 4	0.024 5	-0.001 2** (2.421 2)	-0.001 4** (2.549 5)
value	8.90E+05	6.02E+05	8.67E+05	5.57E+05	-0.23E+05 (0.371 6)	-0.43E+05** (1.982 3)
$absvol_m$	0.005 1	0.005 1	0.005 1	0.005 1	0.000 0** (2.463 5)	0.000 0** (2.455 5)

注：absvol 表示已实现波动率，value 表示流通市值，absvolm 表示由上证综指算出的已实现波动率；** 表示 5% 的水平上显著。

表 6-5 中，已实现波动率明显减少了 4.5%，流通市值平均减少了 2.58%，由上证综合指数算出的波动率在平均意义上具有显著差异。所有这些变化表明，订单簿透明度提高之后由 442 只股票算出的平均波动率明显减少。因为价格波动性受到交易量等诸多因素的影响，所以这种变化是否由订单簿的透明度提高所引起，需要进行多变量分析。

6.3.2 多元回归分析

考虑到市场波动性有基本波动性和临时波动性，基本波动性是由非预期的证券内在价值的变化所导致，临时波动性是由不知情交易者的交易行为所引起。当关于基本价值发生变化的新信息为交易者所知道时，特别是在我国股票市场，只有少数知情交易者知道关于该新信息的时候，交易通常伴随有较高的交易量。同时，我们所考虑样本区间的跨度为 1 年，在此期间股票的流通市值可能相差很大，而流通市值的大小和股票的基本价值密切相关。此外，个股的波动性还受到市场波动性的影响。因此，为了进一步考察市场波动性的变化是否由订单簿的透明度提高所引起，在控制上述变量影响的情况下，建立带有虚拟变量的回归模型如下：

$$Rv_{i,t} = \psi_i + \psi_1^c \ln Vol_{i,t} + \psi_2^c \ln value_{i,t} + \psi_3^c Rv_{m,t} + \psi_4^c D_{i,t} + \mu_{i,t} \quad （6-4）$$

式中，$Rv_{i,t}$、$\ln Vol_{i,t}$ 和 $\ln value_{i,t}$ 分别是股票 i 在第 t 个交易日的已实现波动率、平均交易量和流通市值的对数；$Rv_{m,t}$ 是由上证综合指数算出的已实现波动率；$D_{i,t}$ 和 $\mu_{i,t}$ 的定义如式（6-1）。

6.3.3 实证结果与分析

将数据代入式（6-4），采用面板数据分析方法中的固定效应回归，同时进行异方差调整，得到的回归结果如表 6-6 所示。

表 6-6 订单簿透明度提高前后已实现波动率的回归结果

待估参数	估计值	T 统计量	p 值
ψ_1^c	0.002 8***	21.2431	0.0000
ψ_2^c	−0.003 0***	−6.6552	0.0000
ψ_3^c	2.096 2***	34.0606	0.0000
ψ_4^c	−0.001 0***	−7.4096	0.0000
Adj-R² 与 DW 值		0.3888 2.0572	

注：*** 表示 1% 的水平上显著。

表 6-6 中，虚拟变量系数的估计值显著为负值，说明订单簿透明度提高使波动性明显减小。这也进一步验证了上述统计检验所得到的结果，但与张胜记和刘海龙（2005）的实证结果不一致。我们认为其原因可能在于以下两个方面。第一，在中国证券市场，大部分交易者为不知情交易者，知情交易者所占的比例比较小，交易者之间的信息不对称程度较小。透明度提高之后，少数交易者所掌握的私人信息快速扩散，交易者能够观察到更多的关于该股票的交易信息，买卖报价更加合理。由于大量的交易者都提交较为合理的报价，市场深度增大，为价格的稳定性提供了一定的保障。第二，订单簿透明度提高使得大的机构投资者控制价格的成本增加，有效抑制了大的机构投资者对市场的控制，在某种程度上具有稳定市场的作用。例如，如果系统只披露限价订单簿上前 3 档报价及其数量，当大的交易者打算卖出的时候，会在买方的前 3 档价位上提交较大的买单，同时不知情交易者既没有关于价值的私人信息，也无法观察到卖四、卖五价位上的订单数量和价格，股市上的"追涨杀跌"行为将促成大的机构投资者以比较高的价格顺利卖出。如果订单簿的透明度提高，交易者可以观察到更多价位上的订单情况，要想达到上述目的，大的机构交易者也必须在买四、买五价位上提交较大的订单，交易成本增加（张胜记和刘海龙，2005）。

通过统计检验和多元分析，本节发现指令薄透明度提高之后市场波动性明显减小。通过对实证结果的分析，我们得到的结论是，透明度提高使得不知情交易者获得更多的市场信息，增强了不知情交易者参与交易的信心，使得市场深度增大，为市场变得更加稳定提供了一定的基础。同时，在不知情交易者掌握了更多的市场信息之后，知情交易者或者大的机构投资者控制价格的难度增加，价格将变得更加稳定。

6.4 连续竞价透明度与有效性

2009 年 12 月 15 日，深交所推出商业 level-2 行情数据。与 5 档行情相比，机构投资者能够看到前 10 档价位上的委托数量，加权委托报价等，即投资者能够看到更加详细的订单簿信息。根据市场微观结构理论，交易前信息影响投资者的交易行为，进而影响市场质量。基于此，深交所提供的 level-2 行情数据是否包含更多的和价值有关的信息？这些信息是否影响机构投资者的交易行为？在此基础上，散户投资者将会怎样调整自己的交易行为？最终市场上投资者的信息不对称程度将会怎样变化？对投资者的收益会产生什么样的影响？本部分采取实证研究的方法，研究透明度增加之后市场上买卖不平衡和投资者收益率的变化情况。

6.4.1 样本数据

本部分数据来自同花顺高频数据库和国泰安 CSMAR 数据库。2009 年 12 月 15 日，深圳证券交易所进行透明度改革，本节通过比较这一事件前后市场行为的变化，研究透明度对市场买卖不平衡与收益率的影响。基于此，本书选取深交所 A 股股票中流通市值最大、成交最活跃的 100 只成份股，剔除在 2009 年 11 月 16 日至 2010 年 1 月 15 日间数据缺失、停牌及暂停交易的股票，从剩余的股票中随机抽取 50 只作为研究样本。

6.4.2 研究设计

（1）透明度变化对买卖不平衡的影响

周开国、王海港（2009）和张肖飞（2012）在研究开盘竞价透明度对价格发现效率影响时发现，透明度增加后机构投资者担心私人信息泄露，更多地选择开盘后交易，致使开盘后的信息不对称程度加剧，引起买卖不平衡增加。与其不同的是，在连续竞价透明度提高的情况下，机构投资者在隐藏交易行为方式上，更可能选择拆单或选择未披露订单的形式。基于此，本部分提出以下假设：

假设 6-1：市场透明度增加将导致买卖不平衡下降。

事实上，除了信息不对称影响买卖不平衡外，市场上的微观结构特征也会对其产生影响。例如，安实、张少军、高文涛（2008）通过研究上证 180 指数成份股发现，市场流动性与买卖不平衡具有显著的正相关关系。陈炜（2007）也发现，股票价格波动越大的时候，投资者提交更积极的卖单，而提交的买单则越保守。Griffiths, Smith, Turnbull, et al.（2000）通过实证研究发现，深度越大，投资者提交订单的主动性越强。同时考虑到个股因素对于买卖不平衡的影响，本书使用买卖价差、市场深度、已实现波动率等作为控制变量，通过建立带虚拟变量的多元回归模型，检验连续竞价透明度对信息不对称程度的影响，模型如式（6-5）所示。

$$V_{i,t} = \delta_1 RS_{i,t}^m + \delta_2 T_{i,t} + \delta_3 Dep_{i,t}^m + \delta_4 p_{i,t} + \delta_5 Rv_{i,t} + \delta_6 D_{i,t} + \varepsilon_{i,t} \quad （6-5）$$

式中 $i=1,2,\cdots,50$，$t=1,2,\cdots,43$；$V_{i,t}$ 限价指令薄上买卖不平衡订单相对订单总数的比，$T_{i,t}$ 为交易次数，$RS_{i,t}$、$Dep_{i,t}$、$p_{i,t}$、$Rv_{i,t}$、$D_{i,t}$、$\varepsilon_{i,t}$ 的定义如式（6-1）。

（2）透明度对股票收益率的影响

根据市场微观结构理论，市场信息在不同投资者之间的分布通常是不对称的。通常知情交易者比不知情交易者具有信息优势，透明度增加将使知情交易者的信息优势降低，导致知情交易者的收益下降，同时不知情交易者的收益增加。这已经被 Flood（1999）通过实验研究所证实。特别地，在机构比个人观察到更多市场信息的情况下，机构投资者将会减缓信息的释放速度，降低价格的波动程度，从而使不知情交易者的收益增加的数量减少。基于此，本书提出如下假设：

假设 6-2：市场透明度增加将导致收益率下降。

事实上，除了信息不对称影响收益率之外，市场流动性、价格波动性等微观结构特征也会对其产生影响。例如谢赤、张太原、曾志坚（2007）使用主成分分析的方法对上海股票市场的流动性与收益率进行实证研究，发现在我国证券市场上两者存在显著相关性。蔡楠（2003）也指出，不论是在短期还是长期内，流动性对股票收益率都有重要影响。因此，本书使用买卖价差、市场深度等作为控制变量，通过建立带虚拟变量的多元回归方程检验透明度对收益率的影响，模型如式（6-6）所示。

$$R_{i,t} = \omega_1 RS_{i,t}^m + \omega_2 T_{i,t} + \omega_3 Dep_{i,t}^m + \omega_4 p_{i,t} + \omega_5 Rv_{i,t} + \omega_6 D_{it} + \varepsilon_{i,t} \quad （6-6）$$

式中$i=1,2,\cdots,50$，$t=1,2,\cdots,43$；$R_{i,t}$为日收盘价算出的对数收益率，$T_{i,t}$为交易次数，$RS_{i,t}$、$Dep_{i,t}$、$p_{i,t}$、$Rv_{i,t}$、$D_{i,t}$、$\varepsilon_{i,t}$的定义如式（6-1）。

6.4.3 描述性统计分析

为了更直观显示透明度提高对买卖不平衡以及收益率的影响，我们将比较与这一变化有关的具体指标，它们分别是价差、深度和波动率等。我们分别计算了这些指标在2009年10月至11月和2009年11月至12月的均值和中位数，并且对均值进行显著性T检验，对中位数进行Wilcoxon符号秩检验，检验结果如表6-7所示。

表6-7 订单簿透明度提高前后有效性比较的描述性统计结果

	事件前		事件后	
	均 值	中位数	均 值	中位数
买卖不平衡	0.014	0.003	-0.004	0.000
收益率	0.002	0.001	-0.002	-0.001
价格	20.664	15.382	19.960	14.756
交易次数	3583	3268	7562	7149
价差	0.005	0.001	0.001	0.001
深度	2 726.139	205.587	21 158.030	9 835.025
波动性	0.054	0.029	0.066	0.041

从表6-7看出，在透明度提高后，各指标在均值意义上均发生了显著变化。一方面，交易次数和市场深度明显增加。交易次数由原先的平均3583次上升至平均7562次，市场深度由原先的平均2726.139大幅上升到平均21158.030的水平。这表明透明度提高后，机构投资者为了隐藏其交易行为，很可能将大单拆成小单进行交易，或者不断地撤单重新提单，致使交易次数增加。同时，市场越活跃，个人投资者投资的信心也就越强，从而引起市场深度增大。另外，波动性从0.054增加到0.066，这或许是由更多的不知情交易者参与交易所导致。另一方面，买卖不平衡和

收益率明显下降,下降的比例分别为 129%,200%。这表明透明度提高后,投资者之间的信息不对称程度下降,引起投资者的收益率降低。

6.4.4 实证结果及分析

将样本数据分别代入式(6-6)、(6-7),通过对面板数据进行 Hausman 检验,进行随机效应回归,得到结果如表 6-8 所示。

表 6-8 买卖不平衡、收益率对透明度的回归结果

变 量	买卖不平衡 参数值 (T 统计量)	日收益率 参数值 (T 统计量)
相对价差	-0.446***	-0.070 2***
	(-9.13)	(-6.29)
交易次数	-0.000 003 03*	-0.000 000 606*
	(-2.33)	(-2.04)
市场深度	-0.000 000 350***	-1.99e-08*
	(-8.58)	(-2.13)
成交价格	-0.000 527*	0.000 085 3*
	(-2.05)	(1.45)
已实现波动率	0.006 97	0.005 35
	(0.47)	(1.58)
虚拟变量	-0.003 77*	-0.002 02
	(-0.46)	(-1.09)

注:*** 表示 1% 的水平上显著,** 表示 5% 的水平上显著,* 表示 10% 的水平上显著。

由表 6-8 买卖不平衡的回归结果可知,虚拟变量的系数估计值为负值,并且由 t 统计量和相应的 p 值可知,该结果是高度显著的。这表明透明度提高后,买卖不平衡现象显著减少。产生这一结果的可能原因是,透明度提高后,个人投资者倾向于对信息的过度反应,机构投资者为了能在较低价位拿到筹码,在高价位挂大卖单来迷惑普通投资者,从而引起买卖不平衡程度下降。

　　由表 6-8 收益率的回归结果可知，虚拟变量的系数估计值也为负值。这表明透明度提高后，投资者的收益率显著下降。产生这一结果的原因可能是透明度提高后，机构投资者相对于个人投资者来说变得更加理性，其报价更加保守，从而引起股票收益率的短期下降。

6.5 本章小结

　　在连续竞价市场，限价订单簿透明是市场透明的主要内容。本章采用中国上海证券交易所 A 股股票的交易数据实证检验了透明度提高对市场流动性的影响，结果发现，订单簿透明度提高后，买卖价差减小、市场深度增大。根据此结果，并结合 Admati & Pfleiderer（1988）的研究，我们得到我国股票市场上自主的不知情交易者占多数，知情交易者的数量很少，甚至比不自主交易者的数量还少的结论。进一步，我们检验了透明度提高对市场波动性的影响，发现波动性明显降低。根据此结果，并结合我国股票市场上交易者的构成，我们得到透明度提高能减少价格操纵，有助于稳定市场的结论。

第 7 章

大宗交易透明度对市场的影响

　　大宗交易是指单笔交易规模远大于市场平均单笔交易规模的交易。由于大宗交易可能造成交易成本高、市场流动性低、价格稳定性差等一系列问题，国际主要证券市场在大宗交易的交易方式、价格确定、信息披露等方面采取了特殊的制度安排，建立了专门的大宗交易制度。我国深圳证券交易所和上海证券交易所也分别于 2002 年 2 月和 2003 年 1 月相继推出大宗交易制度。随着制度的不断发展和完善，大宗交易市场的参与人数越来越多，交易频率越来越高，交易规模越来越大。特别是，中国证监会于 2008 年 4 月发布《上市公司解除限售存量股份转让指导意见》，规定出售的限售股数量超过总股本 1% 的须经大宗交易平台。此后，大宗交易取得了长足的发展。目前，大宗交易市场已成为证券市场不可或缺的组成部分，在满足投资者的多层次需求，提高大宗交易效率，减少市场冲击等方面发挥了重要作用。

　　我国上海证券交易所和深圳证券交易所在 2006 年 7 月 1 日提高了大

宗交易的交易前透明度，从交易前信息隐形化变为公开披露，即在正常交易时间公开披露大宗交易的意向申报①。显然，意向申报包含的潜在的交易信息对外公告，不仅可以打通证券经纪机构之间的需求信息隔阂，吸引更多潜在的交易对手前来议价，而且有利于形成一个公平的投资环境，增强个体投资者参与交易的信心，使投资者更准确地对市场信息做出正确的判断，形成合理的投资决策。同时，公开披露意向申报也违背了机构投资者匿名交易的意愿，影响其执行成本，降低其参与积极性。基于大宗交易透明度带来的以上影响，我国机构投资者将会选择怎样的交易策略？该交易策略对正常规模交易形成的价格和盘后产生的大宗交易价格效率有什么样的影响？大宗交易成交信息又会对次日正常交易价格的形成效率产生什么样的影响？为厘清这些问题的关系，本章基于不同类型投资者对市场流动性和交易成本的关注差异，采用实证分析的方法，检验大宗交易对正常规模交易价格效率的影响是否会随着交易前信息披露程度的提高而发生变化。

7.1 大宗交易的价格发现

大多数交易所为大宗交易提供做市商机制的楼上市场，其价格的确定一直是个未解之谜，现有研究主要从存货成本以及信息不对称两个方面展开。此外，以协商为主的大宗交易平台（如我国深交所推出的综合协议平台），其价格是由买卖双方直接协商确定。现有研究不同市场对价格发现贡献的方法有共同因子贡献方法和信息份额模型。Gonzalo & Granger（1995）发现 VEC 模型中的误差修正机制包含永久冲击，而永久冲击的产生在于每个市场处理信息的速度不同，于是通过定义误差修正系数的函数来测量每个市场对共同因子的贡献。与共同因子贡献法定义价格发现不同，Hasbrouck（1995）按照共同因子的信息方差进行定义，提出信息

---

① 意向申报的内容有证券名称、买卖方向、本方席位代码等。意向申报是否明确交易价格和交易数量由申报方自行决定。对于不明确价格的，申报方应当明确表示愿意以规定的最低价格买入或者愿意以规定的最高价格卖出；对于不明确数量的，申报方应当明确表示愿意以规定的最低限额成交。

份额模型测量每个市场的信息对共同因子方差的贡献。本节采用信息份额模型研究大宗交易对价格发现的信息贡献。

7.1.1 研究方法

根据市场微观结构理论，价格发现就是市场信息通过投资者的交易行为反映到资产价格中的过程。本节借鉴 Hasbrouck（1995）的研究方法，采用误差修正模型比较大宗交易价格和正常规模交易价格之间的动态关系，运用信息份额模型比较两者的价格发现贡献度的大小。

（1）向量误差修正模型

为考察大宗交易价格和正常规模交易价格之间动态的相互引导关系，本节在对两者价格协整检验的基础上，建立向量误差修正模型（VECM）如式（7-1）所示。

$$\Delta Y_t = \alpha\beta'Y_{t-1} + \sum_{j=1}^{p}\Gamma_j\Delta Y_{t-j} + e_t \tag{7-1}$$

式中，$Y_t = (y_{1t}, y_{2t})'$ 为协整变量，y_{1t}、y_{2t} 分别为大宗交易价格、正常规模交易价格；$\alpha = (\alpha_1, \alpha_2)'$ 为调整系数向量；$\beta = (1, -b)'$ 为协整向量；$\Gamma_j, j=1,2,...,p$ 为参数矩阵；p 为根据 SC 准则确定的最优滞后阶数；随机扰动项 $e_t = (e_{1t}, e_{2t})' \sim iid(0, \Omega)$，方差协方差矩阵 Ω 如下：

$$\Omega = \begin{bmatrix} \sigma_1^2 & \rho\sigma_1\sigma_2 \\ \rho\sigma_1\sigma_2 & \sigma_2^2 \end{bmatrix} \tag{7-2}$$

式中，σ_1^2、σ_2^2 为 e_{1t}、e_{2t} 的方差；ρ 为 e_{1t}、e_{2t} 的相关系数。

（2）信息份额模型

尽管 VECM 模型可以说明价格之间的相互引导关系，但它不能确定哪个具有主要的引导作用和价格发现优势。于是，Stock & Watson（1993）提出了共同因子方法，通过分析两个市场信息对有效价格的贡献比例，研究哪个市场在价格发现中占优势。基于此，Hasbrouck（1995）利用沃尔德分解定理将共同因子模型的方差进行分解，通过计算每个市场的信息对于共同因子方差的贡献大小来测度市场的价格发现功能，即将式

133

（7-1）转换成如下的向量移动平均形式：

$$\Delta Y_t = \Psi(L)e_t \qquad (7-3)$$

式中，$\Psi(L)$ 是滞后算子 L 的多项式矩阵；e_t 同上。

令 ψ 的行向量为 $\Psi(1)$，则 $\Psi(1)$ 为移动平均系数之和，$\Psi(1)e_t$ 表示一个信息对每个市场价格的长期影响，式（7-3）可以变形为如下形式：

$$Y_t = \psi(1)\sum_{s=1}^{t} e_s + \Psi^*(L)e_t \qquad (7-4)$$

式中，$\Psi^*(L) = (\Psi(L) - \Psi(1))(1-L)^{-1}$。

令 $\beta = (1, -1)'$，则 $\beta'\Psi(1) = 0$，即 $\Psi(1)$ 的每一行都相同。令 $\psi = (\psi_1, \psi_2)$ 表示 $\Psi(1)$ 的任意一行，$\tau = (1,1)'$，则 Y_t 可表示为如下形式：

$$Y_t = \psi(\sum_{s=1}^{t} e_s)\tau + \Psi^*(L)e_t \qquad (7-5)$$

式中，ψe_t 表示信息永久融入价格的成分，被称作两个市场价格的共同有效成分（即：共同因子），其方差为 $\psi\Omega\psi'$。当信息项 e_{1t}, e_{2t} 之间没有相关性时，$\psi\Omega\psi'$ 为对角阵，该对角阵中第 i 个元素代表了第 i 个市场对共同因子的贡献，即第 i 市场的信息份额表示为

$$S_i = \frac{\psi_i^2 \Omega_{ii}}{\psi\Omega\psi'} \qquad i = 1,2 \qquad (7-6)$$

当信息间相关时，需采用乔里斯基分解（Cholesky Factorization）消除信息的当期相关性。令 $\Omega = FF'$，则有

$$F = \begin{bmatrix} m_{11} & 0 \\ m_{21} & m_{22} \end{bmatrix} = \begin{bmatrix} \sigma_1 & 0 \\ \rho\sigma_2 & \sigma_2\sqrt{1-\rho^2} \end{bmatrix} \qquad (7-7)$$

乔里斯基分解与 VECM 模型中变量的顺序有关。若信息间存在正相关，则第 1 个变量的信息份额最大，第 2 个变量的信息份额最小。第 i 个市场的信息份额为

$$S_i = \frac{([\psi F]_i)^2}{\psi \Omega \psi'}, i = 1,2 \qquad (7\text{-}8)$$

式中，$[\psi F]_i$ 为 ψF 的第 i 个元素。

实际应用中，信息份额的计算还需要确定 ψ_1、ψ_2 的相对比例。Johansen（1991）指出：

$$\Psi(1) = \beta_\perp \Pi \alpha'_\perp \qquad (7\text{-}9)$$

$$\Pi = (\alpha'_\perp (I - \sum_{j=1}^{p} \Gamma_j) \beta_\perp)^{-1} \qquad (7\text{-}10)$$

式中，$\beta_\perp$ 与 β 正交；I 为单位矩阵；$\Gamma_j, j=1,2,...,p$ 为 VECM 模型的参数矩阵；Π 为标量。$\beta_\perp = \kappa(1,1)'$，其中 κ 为任意常数。推导可得

$$\Psi(1) = \begin{bmatrix} \psi \\ \psi \end{bmatrix} = \kappa \Pi \begin{bmatrix} \gamma_1 & \gamma_2 \\ \gamma_1 & \gamma_2 \end{bmatrix} \qquad (7\text{-}11)$$

$$\psi_1 / \psi_2 = \gamma_1 / \gamma_2 \qquad (7\text{-}12)$$

根据式（7-10），当信息间不相关时，第 i 个市场的信息份额为

$$S_i = \frac{\gamma_i^2 \sigma_i^2}{\gamma_1^2 \sigma_1^2 + \gamma_2^2 \sigma_2^2} \qquad (7\text{-}13)$$

当信息间相关时，第 1 个市场的信息份额为

$$S_1 = \frac{(\gamma_1 m_{11} + \gamma_2 m_{21})^2}{(\gamma_1 m_{11} + \gamma_2 m_{21})^2 + (\gamma_2 m_{22})^2} \qquad (7\text{-}14)$$

第 2 个市场的信息份额为

$$S_2 = \frac{(\gamma_2 m_{22})^2}{(\gamma_1 m_{11} + \gamma_2 m_{21})^2 + (\gamma_2 m_{22})^2} \qquad (7\text{-}15)$$

　　由于乔里斯基分解与 VECM 模型中变量的顺序有关，并且该分解对第一个市场价格增加了比较大的信息含量，本书通过改变模型中变量的顺序计算各自信息份额的上下限。同时，Booth（2002）认为信息含量的上下限可能是某种分布的两个极值点，可以用其均值分析对于价格发现的贡献度。

7.1.2 研究样本和数据

　　为考察大宗交易价格和正常规模交易价格之间的动态关系，本书数据来源于 CSMAR 股票交易数据库，选取同时发生大宗交易和正常规模交易的股票收盘价作为实证研究样本，样本期间为 2002 年 3 月 19 日至 2012 年 3 月 17 日，共 1 122 个发生大宗交易的交易日。由于在此期间只有 1 341 只股票发生了大宗交易，故以此作为研究样本。

7.1.3 实证结果与分析

　　为考察大宗交易的价格发现功能，本部分首先对大宗交易价格和收盘价进行单位根检验，其次进行协整检验，发现有 18 只股票存在协整关系。对这 18 只股票建立大宗交易价格和收盘价的 VECM 模型，采用极大似然法估计参数，得到调整系数的估计结果如表 7-1 所示。

表 7-1　调整系数估计结果

股票代码	调整系数 1		调整系数 2	
	估计值	P 值	估计值	P 值
000009	−3.807 0	0.110 0	−0.006 7	0.685 1
000776	−0.607 8	0.347 3	−0.011 3	0.247 9
002167	−1.456 5	0.000 7	0.012 2	0.479 8
002477	−0.825 9	0.010 7	−0.000 7	0.889 7
600036	−2.317 8	0.000 0	−0.004 3	0.483 0
600050	−1.647 8	0.132 3	0.012 0	0.641 5
600145	−4.240 7	0.001 6	0.020 0	0.625 8

股票代码	调整系数 1		调整系数 2	
	估计值	P 值	估计值	P 值
600410	−1.975 4	0.019 1	−0.001 8	0.897 7
600462	−1.243 4	0.010 2	0.003 1	0.639 6
600585	3.536 1	0.000 0	0.002 9	0.941 3
600804	0.043 2	0.907 4	−0.015 8	0.290 5
600837	−1.374 6	0.000 0	−0.004 1	0.760 1
601166	−0.583 0	0.172 4	−0.012 9	0.483 4
601318	−0.178 6	0.671 2	−0.004 2	0.734 1
601328	−0.597 6	0.315 8	−0.010 7	0.651 7
601398	−1.313 3	0.000 0	−0.006 9	0.572 1
601601	−1.778 5	0.000 0	0.009 6	0.591 5
601717	−1.830 7	0.000 1	−0.003 8	0.653 6

注：调整系数 1 为大宗交易价格方程的调整系数；调整系数 2 为收盘价方程的调整系数。

从表 7-1 可见，根据估计的调整系数的 P 值，大宗交易价格方程的调整系数大多是显著的，而收盘价方程的调整系数不显著。该结果表明，大宗交易价格向均衡调整的速度快，大宗交易的价格发现功能可能比正常交易的价格发现功能弱。

以 VECM 模型为基础，采用信息份额模型分析大宗交易和正常交易的价格发现功能，信息份额的结果如表 7-2 所示。

表 7-2　价格发现贡献结果

股票代码	信息份额					
	大宗交易			正常交易		
	最大值	最小值	均　值	最大值	最小值	均　值
000009	0.991 3	0.029 7	0.510 5	0.970 3	0.008 7	0.489 5
000776	0.895 1	0.007 7	0.451 4	0.992 3	0.104 9	0.548 6
002167	0.929 0	0.011 1	0.470 1	0.988 9	0.071 0	0.529 9
002477	0.679 6	0.072 3	0.376 0	0.927 7	0.320 4	0.624 0

股票代码	信息份额					
	大宗交易			正常交易		
	最大值	最小值	均　值	最大值	最小值	均　值
600036	0.806 4	0.042 5	0.424 5	0.957 5	0.193 6	0.575 5
600050	0.974 6	0.003 3	0.488 9	0.996 7	0.025 4	0.511 1
600145	0.999 2	0.004 8	0.502 0	0.995 2	0.000 8	0.498 0
600410	0.955 1	0.006 7	0.480 9	0.993 3	0.044 9	0.519 1
600462	0.845 1	0.003 0	0.424 0	0.997 0	0.154 9	0.576 0
600585	0.995 2	0.002 1	0.498 7	0.997 9	0.004 8	0.501 3
600804	0.998 5	0.236 1	0.617 3	0.763 9	0.001 5	0.382 7
600837	0.868 1	0.033 9	0.451 0	0.966 1	0.131 9	0.549 0
601166	0.979 7	0.041 4	0.510 5	0.958 6	0.020 3	0.489 5
601318	0.999 1	0.133 2	0.566 2	0.866 8	0.000 9	0.433 8
601328	0.997 2	0.106 2	0.551 7	0.893 8	0.002 8	0.443 3
601398	0.827 4	0.030 8	0.429 1	0.969 2	0.172 6	0.570 9
601601	0.755 1	0.033 5	0.394 3	0.966 5	0.244 9	0.605 7
601717	0.998 1	0.117 6	0.557 9	0.882 4	0.001 9	0.442 1
平均			0.483 6			0.516 4

从表 7-2 来看，18 只股票中有 11 只股票的平均信息份额小于正常交易信息份额，有 7 只股票的平均信息份额大于正常交易信息份额。18 只股票的均值显示，大宗交易的信息份额小于正常交易的信息份额。表明大宗交易的价格发现贡献小，价格发现功能弱。

7.2 大宗交易透明度的研究

7.2.1 研究方法

与正常规模的竞价交易不同，大宗交易采用协商议价的方式确定成交价。如果大宗交易采用交易前信息公开披露，那么有可能产生大宗交易成交前股价已经反映被披露信息的情况。因此，本节采用加权价格贡献分析不同时段的交易活动对价格发现的贡献程度。进一步，根据市场微观结构理论，通过投资者不断地学习，即时披露的大宗交易成交信息，也将反映在次日的成交价中。

（1）加权价格贡献（Weighted Price Contribution）

加权价格分布法是 Barclay & Warner（1993）最早提出的一种非参数度量方法，主要用于度量不同时段的交易活动对价格发现的贡献程度。Bommel（2011）等研究也发现，加权价格分布具有无偏性、渐近正态性等统计特征。因此，从统计意义上看，本书用该方法研究大宗交易对价格发现效率的影响。

为研究各个时段的价格贡献，本书对次日收益进行分解，从 9:15 至 11:30、13:00 至 15:00 每 15 分钟划分为一个时段，共 17 个时段，第 t 日、第 t 日第 i 个时段的收益分别为 r_t 和 r_t^i，其定义如下：

$$r_t = \ln p_t - \ln p_{t-1} \tag{7-16}$$

$$r_t^i = \ln p_t^i - \ln p_t^{i-1} \tag{7-17}$$

式中，p_t，p_{t-1} 分别为第 t 日，第 t-1 日的收盘价格；p_t^i、p_t^{i-1} 分别为第 t 日第 i 个时段末，第 i-1 个时段末的价格。

根据，第 i 个时段对日收益的加权价格贡献定义如下：

$$wpc_i = \sum_{t=1}^{T} \left[\frac{|r_t|}{\sum_{t=1}^{T}|r_t|} \right] \left(\frac{r_t^i}{r_t} \right) \tag{7-18}$$

式中，wpc_i 为第 i 个时段对价格发现的贡献；T 为样本期的总交易天数；$\left[\frac{|r_t|}{\sum_{t=1}^{T}|r_t|} \right]$ 为权重因子，其作用是为了减小观察值的异方差性，克服收益率为 0。

（2）无偏回归（Unbiasedness Regressions）

根据投资者学习信息的过程，Biais, Hillion & Spatt（1999）提出了无偏回归模型如式（7-19）所示，以研究价格发现效率。

$$v - \mathrm{E}\left(v|I_0\right) = \alpha_t + \beta_t\left[p_t - \mathrm{E}\left(v|I_0\right)\right] + z_t \qquad (7\text{-}19)$$

式中，v 是股票的均衡价格；I_0 表示 0 时刻的公共信息；$\mathrm{E}\left(v|I_0\right)$ 表示对股票的预期值；p_t 是交易价格；z_t 是误差项。

事实上，股票的均衡价格和预期值都为不可观察值。为了利用式（7-19）研究大宗交易对价格发现效率的影响，本节用当日收盘价格代替均衡价格，用前一天的收盘价格代替股票的预期值，由此得到如下表达式：

$$r_t = \alpha_i + \beta_i r_t^i + \varepsilon_i \qquad (7\text{-}20)$$

式中，r_t 是根据收盘价计算出的对数收益；r_t^i 表示每只股票每天 15 分钟的对数收益；ε_i 是误差项。

对于回归模型（7-20），Barclay & Hendershott（2003）在考察其测量误差时指出，系数 β_i 是一种测量信号的指标，被称作噪声比（Noise Ratio），并且在准确计算收益率、收益率序列不相关时系数 β_i 应该等于 1。事实表明，股票市场的买卖价差、可逆的价格效应等都有可能导致收益率序列相关，产生噪声。因此，实际收益是不可观察的，观察到的收益是实际收益加上噪声。若假设：

$$r_{cc} = R_{cc} + \omega \qquad (7\text{-}21)$$

$$r_{ct} = R_{ct} + \delta \qquad (7\text{-}22)$$

式中，R_{cc}、R_{ct} 表示真实的收益率，ω 和 δ 的均值为 0，方差分别为 σ_ω^2、σ_δ^2，由式（7-22）产生的系数估计值 β^* 满足式（7-23）：

$$p\lim\beta^* = \beta\left(\frac{\sigma_{R_{ct}}^2}{\sigma_{R_{ct}}^2 + \sigma_\delta^2}\right) \qquad (7\text{-}23)$$

式中，$\sigma_{R_{cl}}^2$ 表示从前一收盘价到 t 时刻释放出的信息，σ_δ^2 表示 t 时刻交易价格中包含的噪声，式（7-23）表示信息与噪声比。

7.2.2 样本数据

本节的数据来源于深圳市国泰安信息技术有限公司提供的中国股票市场高频交易数据库和大宗交易数据库，这两个数据库分别记载了每个交易日各只股票的逐笔交易数据和大宗交易的成交数据。因为本节目的是分析2006 年 7 月 1 日我国大宗交易交易前信息提前公开披露，对大宗交易信息产生的影响，所以我们需要比较这一制度变化前后大宗交易价格的信息含量以及大宗交易对次日价格发现效率的影响。因此，本节选取沪深 AB股大宗交易数据和正常规模交易高频数据，样本期间为 2005 年 1 月 1 日至 2011 年 12 月 31 日。由于我国大宗交易不活跃，本节剔除大宗交易笔数较少的股票，以及数据缺失或发生错误的股票，最后剩余 12 只股票作为样本。

7.2.3 描述性统计分析

为了更直观地显示委托协议过程提前至正常交易时间对外披露对价格发现效率的影响，我们分别计算样本股的价格波动性、买卖价差和交易量等在信息披露前后的均值，并且对其进行显著性 T 检验，计算结果如表7-3 所示。

表 7-3 透明度增加前后每 15 分钟波动性、流动性变化的均值比较结果

已实现波动率		价格变化		交易量（万股）		价 差		深度（万股）	
前	后	前	后	前	后	前	后	前	后
0.007 6	0.008 6	0.009 3	0.014 9	27.28	297.48	0.007 6	0.003 4	1.47	2.54
0.005 8	0.006 3	−0.001 5	0.006 6	26.95	277.16	0.005 6	0.002 8	2.09	3.24
0.004 8	0.005 9	−0.005 8	−0.008 9	47.32	272.63	0.004 2	0.002 2	2.93	3.62
0.005 1	0.005 5	0.014 5	−0.002 5	27.85	229.27	0.003 9	0.002 3	2.93	3.64

续表

已实现波动率		价格变化		交易量（万股）		价　差		深度（万股）	
前	后	前	后	前	后	前	后	前	后
0.004 0	0.005 1	0.000 9	-0.008 0	37.47	226.43	0.003 5	0.002 2	3.39	3.68
0.003 8	0.005 1	-0.019 6	-0.000 8	31.06	187.53	0.003 4	0.002 5	4.12	3.66
0.003 4	0.004 8	-0.007 6	-0.010 2	22.32	167.26	0.003 5	0.002 2	3.24	3.74
0.003 8	0.004 9	0.003 1	-0.002 4	22.06	150.09	0.003 3	0.002 0	3.27	3.80
0.003 2	0.004 7	0.006 9	-0.012 6	24.46	185.85	0.003 4	0.002 0	3.82	3.43
0.003 7	0.004 4	0.018 0	-0.002 9	25.49	189.32	0.002 7	0.001 9	4.55	3.89
0.003 2	0.004 7	-0.001 5	0.004 1	27.50	192.58	0.002 6	0.001 8	3.68	3.71
0.004 0	0.004 7	0.002 0	-0.002 5	32.06	179.79	0.002 8	0.001 8	4.38	4.17
0.003 8	0.005 1	0.005 1	-0.010 0	32.18	198.43	0.002 9	0.001 8	3.79	3.72
0.004 0	0.005 0	-0.000 9	-0.001 7	37.10	225.54	0.003 2	0.001 7	3.84	4.05
0.004 5	0.005 3	0.007 3	0.001 0	47.38	217.74	0.003 1	0.001 9	3.83	3.92
0.006 5	0.006 9	0.006 9	0.018 0	52.67	253.40	0.002 9	0.002 1	3.40	4.48

　　从表7-3可以看出，大宗交易透明度改变之后，各指标在平均意义上发生了显著的变化。大宗交易透明度提高后，次日正常规模交易股票的价格波动性明显增加，并且在10：15价格波动性变得稳定之后，价格波动性增加的幅度高达46.88%。尽管如此，增加之后的波动性都集中在一个比较小的范围内，即波动性变得比较稳定。买卖价差明显减小，深度明显增加，特别是在10：30之前，买卖价差平均减小47.88%，深度增加43.90%。这些指标的变化表明，大宗交易透明度提高后，次日交易的价格波动性和流动性均增加。根据市场微观结构理论，价格波动性增加有可能是由信息引起的，这些信息有可能来源于大宗交易披露的成交信息，因为我国大宗交易发生在盘后，如果大宗交易包含信息，那么必然在次日被市场吸收。从交易量和流动性看，次日正常规模交易市场更加活跃，即有可能这些信息吸引了有更多的交易者参与交易。

根据式（7-3）计算得到 *WPC* 的值，对大宗交易透明度改变前后的 *WPC* 进行均值 T 检验，结果如表 7-4 所示。

表 7-4　透明度提高前后每 15 分钟 WPC 的均值比较结果

时　间	透明度提高前	透明度提高后
9:30	0.252 5	0.629 1
9:45	0.079 7	0.231 1
10:00	0.032 1	0.063 7
10:15	0.007 8	0.080 8
10:30	0.014 4	0.080 1
10:45	0.039 1	0.049 3
11:00	0.002 5	0.065 7
11:15	0.036 0	0.124 0
11:30	0.004 4	0.036 6
13:15	0.034 0	0.099 3
13:30	0.036 2	0.022 4
13:45	0.035 1	0.058 5
14:00	0.057 1	0.059 1
14:15	0.007 4	0.107 2
14:30	0.071 6	0.035 5
14:45	0.044 5	0.095 4
15:00	0.064 8	0.153 1

从表 7-4 可以看出，无论透明度提高与否，次日开盘和收盘阶段对价格的信息贡献都比较大。并且，透明度提高后，开盘后 15 分钟对价格的信息贡献明显增大。随着大宗交易信息不断地包含在价格中，接近中午停盘，11:15 至 11:30 之间对价格的信息贡献比透明度提高前减小，直到收盘前为止。这表明接近中午时，大宗交易信息已经全部被市场吸收。

7.2.4 多元回归分析

从上节看出，大宗交易信息逐渐包含在价格中。根据式（7-7），计算大宗交易对次日价格发现效率的影响。同样地，我们对透明度提高前后分别计算回归系数 β，对透明度增加前后的均值进行 T 检验，结果如表7-5 所示。

表 7-5　透明度提高前后每 15 分钟 β 的均值比较结果

时　间	透明度提高前	透明度提高后
9:30	0.511 8(0.000 0)	0.505 6(0.000 0)
9:45	0.151 1(0.224 6)	0.322 7(0.000 0)
10:00	0.189 2(0.229 8)	0.323 0(0.000 0)
10:15	0.322 2(0.079 3)	0.481 6(0.000 0)
10:30	0.188 8(0.338 3)	0.234 1(0.019 8)
10:45	0.954 9(0.000 2)	0.255 2(0.008 1)
11:00	0.051 5(0.846 6)	0.368 8(0.000 0)
11:15	0.335 9(0.172 1)	0.427 2(0.000 3)
11:30	0.429 2(0.051 1)	0.258 8(0.019 1)
13:15	0.668 3(0.010 2)	0.493 4(0.000 0)
13:30	0.612 4(0.000 0)	0.016 4(0.868 8)
13:45	0.561 4(0.023 1)	0.321 5(0.001 5)
14:00	0.827 8(0.000 1)	0.351 3(0.001 6)
14:15	0.166 7(0.509 4)	0.551 8(0.000 0)
14:30	0.416 6(0.001 7)	0.159 2(0.153 1)
14:45	-0.028 9(0.906 3)	0.294 8(0.004 1)
15:00	0.529 8(0.003 6)	0.489 9(0.000 0)

注：括号内为回归系数的 P 值。

从表 7-5 可以看出，大宗交易透明度提高后，从开盘到 10:30 β 值都比透明度提高前较大，说明透明度提高后价格发现效率提高了，因为 β 值直接表示了信息和噪声的比例，反映了价格和真实价差接近的程度。

7.3 本章小结

针对大宗交易的价格发现功能，本书使用大宗交易数据与正常交易数据，采用信息份额模型考察了大宗交易对价格发现的贡献比率。研究结果显示，大宗交易的价格发现贡献低，价格发现功能弱于正常交易。这预示，现有的大宗交易机制可能存在某些问题，需进一步发展和完善。

针对大宗交易的透明度，本书采用加权价格贡献和无偏回归的方法，研究大宗交易对次日不同时段的价格发现效率的影响。结果发现大宗交易包含信息，致使次日 10:30 之前的价格波动性增加，价格的发现效率得以提高。

第8章

结 论

　　近十年来，随着科学技术的飞速发展，以及投资全球化、监管自由化和市场一体化进程的加速，证券市场进入了一个激烈的竞争时代。为了生存，证券市场必然充分发挥自己的竞争优势。在证券市场，交易机制是最核心的环节，如何选择交易机制对一个市场的运行和发展至关重要。大多数交易所在其长期的发展过程中都对其采用的交易机制进行了不同程度的改革，使其更加能够适应市场的需要。同样地，我国股票市场也面临着交易机制改变的问题。不同交易机制在信息披露程度、交易规则等方面的设计不同，导致在价格的形成过程中所起到的作用不同，对价格的形成和市场行为的影响也不同。基于此，本书从开盘、连续和收盘3个时段对中国股票市场交易机制的改革带来的影响进行了研究。

8.1 主要结论

中国证券市场的交易机制在最近几年经历了以下改革：2003 年 12 月 8 日，上海和深圳证券市场将连续竞价阶段订单簿的揭示范围扩大，由系统即时披露限价订单簿上最优 3 档价位上的价格和数量增加为即时披露最优 5 档价位上的价格和数量；2006 年 7 月 1 日，上海和深圳证券市场将开盘集合竞价由封闭式改为开放式；2006 年 7 月 1 日，深圳 A 股股票市场由最后 1 分钟交易量加权平均产生收盘价改为由开放式集合竞价产生收盘价，而中小企业板收盘价格的产生方式由封闭式集合竞价改为开放式集合竞价。根据上述背景，本书从理论上研究了在集合竞价市场订单的集合过程中透明度提高，以及价格的确定过程中匹配算法对市场产生的影响，并且采用中国股票市场的数据分别从开盘、连续和收盘阶段实证检验了交易机制的改变对市场流动性和波动性的影响，研究发现主要包括如下 5 个方面。

第一，在理性预期框架下，研究了虚拟成交价、虚拟匹配量和未匹配量在集合竞价价格形成过程中的作用，基于交易者的提单行为构建了开放式集合竞价的均衡价格模型，并与封闭式集合竞价的均衡价格模型相比较。结果发现，两种交易机制下产生的成交价均是风险资产的无偏估计量，并且私人信息揭示的程度、市场深度、价格波动率都与参与交易的知情交易者的人数有关。随着集合竞价的透明度提高，市场深度增大，价格波动率减小，但两种机制之间的差异会随着知情交易者比例的增大而减小。

第二，采用上海证券交易所的交易数据，实证检验了我国开盘阶段集合竞价透明度提高对市场产生的影响。结果发现，透明度提高使得交易者在开盘阶段的观望情绪减弱，参与开盘的信心增强。为了检验开盘竞价透明度提高吸引的交易者是知情交易者还是不知情交易者，本书检验了从开盘到连续价格的变化幅度。如果增加的是不知情交易者（由于缺乏私人信息，他们的报价比较盲目），那么开盘之后由信息交易引起的价格波动性增大，从而价格的变化幅度将增大；反之，价格的变化幅度将减小。结果表明，集合竞价透明度提高后价格的变化幅度明显减小。因此，我们得到开盘竞价透明度提高不仅吸引不知情交易者，也吸引知情交易者参与交易的结论。既然如此，那么这些被吸引参与开盘的交易者是新到达市场的交易者还是原来参与连续交易的交易者呢？本书又检验了连续交易开始后15分钟内市场流动性的变化，发现流动性明显减小，这说明被吸引的交易者有可能来源于连续交易阶段。同时，我们也发现连续竞价开始后15分钟内价格波动性明显减小。总的来说，开盘竞价透明度提高不但使得交易者参与开盘的积极性提高，而且也达到了稳定连续竞价市场的效果。

第三，对于收盘交易机制的改变，本书主要从以下两个方面进行了研究。

① 主要分析了深圳A股股票市场收盘价格的确定方式由最后1分钟交易量加权平均改为开放式集合竞价对市场流动性和波动性产生的影响。结果发现，采用开放式集合竞价收盘减少了收盘阶段的交易活动，增加了收盘前的市场流动性。产生这种结果的原因可能有以下两个方面。一方面，在系统即时披露市场信息，且没有真正的交易发生的情况下，担心信息被泄露且面临执行风险的知情交易者，可能选择在收盘前交易。另一方面，对于有操纵动机的交易者来说，采用集合竞价收盘增加了他们的操纵成本和难度，他们有可能提前影响交易价格，进而达到影响收盘价的目的。这两个方面都会使收盘前的市场流动性增加，参与收盘的交易活动减少。尽管如此，知情交易者为了在收盘前完成交易必然提交比较保守的价格，而提前影响价格的交易者为了隐藏其交易动机也不会提交过于偏离当前成交价的订单。从而，收盘和收盘前的波动性减小，价格的连续性增大。最后，因为交易者提交的报价更加合理，且集合竞价具有较高的价格发现效率，所以收盘交易机制改变后收盘价变得更加有效率。

② 采用中小企业板的交易数据研究了收盘竞价透明度提高对市场流动性和波动性的影响。结果发现，收盘前和收盘阶段的市场流动性明显减小。我们认为采用封闭式集合竞价收盘使交易者面临的风险较大，参与积极性较低，在临近收盘时交易者急于交易，从而导致交易比较集中；收盘竞价透明度提高之后，交易者得到更多的市场信息，参与收盘的信心增强。因此，收盘前的集中交易行为有可能得到延迟，这也会导致收盘前的

波动性减小。不仅如此，开放式集合竞价减小了庄家操纵收盘价的可能性，减小了价格波动性，提高了收盘价的信息效率。

第四，价格确定方法一直是集合竞价研究中的"黑箱"。在线性规划的基础上，将修正的 Vickrey 双向拍卖模型引入多单位的竞价市场，构建了一种新的集合竞价价格确定方式。在集合竞价市场，通过提交订单的大小操纵成交价是一种常见的现象。基于此，本书通过分析交易者在新的价格确定方式下的交易策略行为，研究了该价格确定方式对价格操纵的影响，发现交易者通过提交偏离预期交易量操纵价格几乎是不可能的。最后，将这种新的价格确定方式与 k-DA 相对照，发现在社会剩余方面前者优于后者。总之，与我国现行的集合竞价四原则相比，新的价格确定方式不但更接近于国际通用的标准四原则，而且能减少价格操纵的行为，增加交易者的整体收益。相关的研究结论为中国股票市场集合竞价交易机制的进一步改革提供了重要的参考依据。

第五，通过比较连续竞价阶段订单簿透明度提高前后买卖价差、市场深度和价格波动性的大小，本书发现透明度提高后市场流动性增加、价格波动性减小。通过对该结果的分析，我们得到如下结论：透明度提高之后，信息传递的速度加快，交易者之间的信息不对称程度降低，逆向选择成本下降，吸引更多的不知情交易者参与交易，使得市场深度增加。通过比较不同价位上深度的变化，并结合市场微观结构理论，我们得到我国股票市场上参与交易的交易者的构成，即不知情交易者的数量远远多于知情交易者的数量，并且自主交易者占多数，噪声交易者和知情交易者仅仅占极少数。因此，订单簿透明度提高后，自主交易者通过学习被披露的市场信息提交的报价变得更加合理，导致价格波动性明显减小。

8.2 研究启示

中国股票市场是在政府的积极推动下，通过上市公司和投资者在数量和空间上的拓展，迅速地实现了市场规模的扩大。在上市公司质量和投资者素质不够高的现实背景下，交易机制的设计成为证券市场实现资源配置和价格发现功能的一个重要环节。而随着市场微观结构的成熟和完善，交易机制的设计将成为推动我国股票市场发展的重要方面。

从我国股票市场正式成立到 2006 年 7 月 1 日，上海和深圳证券交易所一直采用封闭式集合竞价开盘。经过近十年的实践检验，发现集合竞价方式相对比较简单，集合竞价过程中系统不披露任何信息，价格确定原则与国际上通行的四原则有一定的差距，这些简单的做法会造成一些严重后果。例如，在开盘阶段交易者的观望情绪浓厚，存在市场操纵行为等。为了吸引交易者参与开盘，提高开盘价的效率，我国证券市场提高了开盘集合竞价的透明度。本书的研究表明，开盘竞价透明度提高后，交易者参与开盘的积极性提高，开盘价的信息效率提高，连续竞价阶段市场变得更加稳定。

然而，我国股票市场部分投资者偏好"追涨杀跌"，这种现象会直接导致开盘价格对上一个交易日收盘阶段的市场行为产生过度反应，这便利了交易者操纵开盘价的行为。如果在开盘过程中系统即时揭示市场信息，那么操纵者可以很方便地确定一个虚拟成交价（类似于封闭式集合竞价过程中提交大额订单操纵成交价），然后在临近不得撤单阶段撤单，并输入一个相反的订单，达到操纵价格的目的。因此，有必要引入集合竞价随机结束机制，这也是国际市场通行的制度，可以抑制交易者的价格操纵行为。同时，我国现行的集合竞价价格确定方式并不能反映市场买卖双方力量的对比，需要引入与开放式集合竞价相配套的价格确定方式，如增加市场压力原则、参考价格原则等。

我国证券市场收盘机制经历了两次改革，第一次改革是将收盘价由连续交易最后一笔的交易价格变为最后 1 分钟交易量加权平均价。研究表明，这种收盘机制改革之后，交易者操纵收盘价的难度增加，收盘附近价格的连续性增大，市场变得更加稳定。第二次改革是将收盘价格的产生方式改为最后 3 分钟开放式集合竞价（上海仍采用最后 1 分钟交易量加权平均价），采用这种收盘方式不仅迎合指数化投资的发展，而且符合国际证券市场发展的趋势。本书的研究表明，采用集合竞价收盘能够减少价格操纵行为，提高价格效率。尽管如此，但是集合竞价的成交量明显减少，我们认为这是由交易者参与收盘的交易活动减少所引起（在相同情况下，集合竞价比连续竞价具有更高的资源配置效率）。因此，有必要进一步完善收盘竞价机制。例如，延长集合竞价的时间；当成交价变化较大时，系统即时披露特别买进或卖出报价以吸引反向订单；等等。

在我国股票市场成立初期，交易所只披露每只股票的最优买卖价格，透明度较低，从而影响了信息的传递速度，形成的价格并不合理。为了提高价格发现效率，1994 年 9 月 7 日，买卖盘揭示范围扩大到 3 档行情。2003 年 12 月 8 日，买卖盘揭示范围扩大到 5 档行情。显然，揭示的范围扩大后，交易者可以观察到更多的市场信息。这是否对价格的形成更有利？产生的价格更有效？本书的研究发现，买卖揭示范围由 3 档扩大到 5 档后，市场流动性提高，价格波动性减小。但是，通过观察相邻市场深度的变化，我们发现进一步扩大买卖盘揭示范围（例如，由 5 档行情变为 10 档行情）可能对市场深度不会有太大的影响。尽管本书从市场深度的整体变化推断出市场上交易者的结构，但是如果系统披露交易者的身份，那么交易者就可以知道成交价的信息含量，从而提交比较合理的报价，这不仅有助于提高成交价的效率，而且有助于稳定市场。因此，当务之急是披露交易者的身份，而不是进一步扩大买卖揭示范围。

8.3 研究不足和展望

首先，在开放式集合竞价的均衡价格模型的构建中，本书只考虑了两阶段的情况，没有分析价格变化的动态特征，并且对这两个阶段的投资者人数和风险资产供给的假设也比较严格。同时，刘逖、叶武和章秀奇（2006）发现，在临近不得撤单时，"策略性撤单行为"大量存在，且在不得撤单阶段，交易者（特别是散户）的撤单意愿非常强烈。因此，可进一步放宽上述假设并讨论可撤销订单模式的开放式集合竞价的相关问题。

其次，关于集合竞价的价格确定方式，本书只是简单地将修正的

Vickrey 双向拍卖模型引入多单位的竞价市场，分析了交易者的策略行为，有助于减少价格操纵行为，但是还没有从理论上系统地分析该模型是否具有激励相容等性质，将其应用到开放式集合竞价市场是否比当前的价格产生方式更好，这些问题还有待进一步检验。

最后，我们的研究发现，不管是深圳主板市场收盘价格的产生方式由最后 1 分钟交易量加权平均改为开放式集合竞价，还是中小企业板收盘竞价方式由封闭式改为开放式，收盘阶段的交易量都明显减少，我们认为这是由交易者参与收盘的交易活动减少造成的。当然，减少的这些交易活动是交易者的操纵还是交易者的正常交易还需要检验。

参考文献 —

[001] ADMATI R, PFLEIDERER P. A theory of intraday patterns: volume and price variability [J]. Review of Financial Studies, 1988, 1(1): 3-40.

[002] ADMATI R, PFLEIDERER P. The effects of beta, bid-ask spread, residual risk and size on stock returns [J]. Journal of Finance, 1989, 44(2): 479-486.

[003] AITKEN M, COMERTON-FORDE C, FRIO A. Closing call auctions and liquidity [J]. Accounting and Finance, 2005, 45(4): 501-518.

[004] AÏT-SAHALIA Y, MYKLAND P, ZHANG L. Ultra high frequency volatility estimation with dependent microstructure noise [J]. Journal of Econometrics, 2011, 160(1): 160-175.

[005] AMIHUD Y, MENDELSON H. Dealership market: Market-making with inventory [J]. Journal of Financial Economics, 1980, 8(1): 31-53.

［006］ ANAND A, WEAVER D G. Can order exposure be mandated [J]. Journal of Financial Market, 2004, 7(4): 405-426.

［007］ ANDERSEN T, BOLLERSLEV T, DIEBOLD F, Et al. Modeling and forecasting realized volatility [J]. Econometrica, 2003, 71(2): 579-625.

［008］ ANDERSEN T, BOLLERSLEV T, DIEBOLD F, Et al. The distribution of realized exchange rate volatility [J]. Journal of the American Statistical Association, 2001, 96(453): 42-55.

［009］ ARIFOVIC J, LEDYARD J. Information and dynamics: Sequences of call markets [J]. Information Systems Frontiers, 2003, 5(1): 39-45.

［010］ ASHLEY J W. Stock prices and changes in earnings and dividends: Some empirical results [J]. The Journal of Political Economy, 1962, 70(1): 82-85.

［011］ BAGEHOT W. The only game in town [J]. Financial Analysts Journal, 1971, 27(2): 12-15.

［012］ BALL R, BROWN P. An empirical evaluation of accounting income numbers [J]. Journal of Accounting Research, 1968, 6(2): 159-178.

［013］ BANDI F, RUSSELL J. Separating microstructure noise from volatility [J]. Journal of Financial Economics, 2006, 79(3): 655-692.

［014］ BARCLAY M J, HENDERSHOTT T. Price discovery and trading after hours [J]. Review of Financial Studies, 2003, 16(4): 1041-1073.

［015］ BARCLAY M J, WARNER J B. Stealth trading and volatility: which trades move prices [J]. Journal of Financial Economics, 1993, 34(3): 281-305.

［016］ BARUCH S. Who benefits from an open limit-order book [J]. Journal of Business, 2005, 78(4): 1267-1306.

［017］ BIAIS B, HILLION P, SPATT C. Price discovery and learning during the preopening period in the Paris Bours [J]. Journal of Political Economy, 1999, 107(6): 1218-1248.

[018] BLOOMFIELD R, O'HARA M. Can transparent markets survive [J]. Journal of Financial Economics, 2000, 55(3): 425-459.

[019] BLOOMFIELD R, O'HARA M. Market transparency: who wins and who loses [J]. Review of Financial Studies, 1999, 12(1): 5-35.

[020] BOEHMER E, SAAR G, YU L. Lifting the veil: An analysis of pre-trade transparency at the NYSE [J]. Journal of Finance, 2005, 60(2): 783-815.

[021] BOMMEL J V. Measuring price discovery: The variance ratio, the R2 and the weighted price contribution [J]. Finance Research Letters, 2011, 8(3): 112-119.

[022] BOOTH G G, LIN J C, MARTIKAINEN T, Et al. Trading and pricing in upstairs and downstairs markets [J]. Review of Financial Studies, 2002,15(4): 1111-1115.

[023] BOOTH G G, LIN J, MARTIKAINEN T, Et al. Trading and pricing in upstairs and downstairs stock markets [J]. The Review of Financial Studies, 2002, 15(4): 1111-1135.

[024] BORTOLI L, FRINO A, JARNECIC E, Et al. Limit order book transparency, execution risk and market depth: evidence from the Sydney Futures Exchange [J]. Journal of Futures Markets, 2006, 26(12): 1147-1167.

[025] BOSETTI L, KANDEL E, RINDI B. How to close a stock market? The impact of a closing call auction on prices and trading strategies [EB/OL] . [2017-7-20](2006-10-01). http://faculty.georgetown.edu/evansm1/conference/How%20to%20Close%20a%20Stock%20Market.pdf.

[026] BROCKMAN P, CHUNG D. Informed trading and uninformed trading in an electronic, order-driven environment [J]. The Financial Review, 1999, 35(2): 125-146.

[027] BROOKS R M, MOULTON J. The interaction between opening call auctions and ongoing trade: evidence from the NYSE [J]. Review of Financial Economics, 2004, 13(4): 341-356.

[028] BROOKS R M, SU T. A simple cost reduction strategy for small liquidity traders: trade at the opening [J]. Journal of Financial and Quantitative Analysis, 1997, 32(4): 525-540.

[029] CAMPBELL J Y, LO A W, MACKINLAY A C. The Econometrics of Financial Markets [M]. America: Princeton University Press, 1997.

[030] CHAKRABARTI R, ROLL R. Learning from others, reaching and markets quality [J]. Journal of Financial Markets, 1999, 2(2): 153-178.

[031] CHANG R P, HSU S, HUANG N, Et al. The effects of trading methods on volatility and liquidity: evidence from Taiwan Stock Exchange [J]. Journal of Business Finance and Accounting, 1999, 26(1-2): 137-170.

[032] CHORDIA T, RICHARD R, SUBRAHMANYAM A. Commonality in liquidity [J]. Journal of Financial Economics, 2000, 15(1): 3-28.

[033] CLOWDHRY B, NANDA V. Multi-market trading and market liquidity [J]. Review of Financial Studies, 1991, 4(3): 483-511.

[034] COHEN K J, MAIER S F, SCHWARTZ R A, Et al. The Microstructure of Securities Markets [J]. Journal of Finance, 1986, 41(5): 233-243.

[035] COHEN K J, MAIER S F, SCHWARTZ R A, Et al. Transaction costs, order placement strategy, and existence of the bid-ask spread [J]. Journal of Political Economy, 1981, 89(2): 287-305.

[036] COMERTON-FORDE C, LAU T S, MCINISH T. Opening and closing behavior following the introduction of call auctions in Singapore [J]. Pacific-Basin Finance Journal, 2007, 15(1): 18-35.

[037] COMERTON-FORDE C, RYDGE J. Call auction algorithm design and market manipulation [J]. Journal of Multinational Financial Management, 2006a, 16(2): 184-198.

[038] COMERTON-FORDE C, RYDGE J. The influence of call auction algorithm rules on market efficiency [J]. Journal of Financial Markets, 2006b, 9(2): 199-222.

[039] COPELAND T E, DAN GALAI. Information effects on the bid-ask spread [J]. Journal of Finance, 1983, 38(5): 1457-1469.

[040] DEMSETZ H. The cost of transaction [J]. Quarterly Journal of Economics, 1968, 82(1): 33-53.

[041] DOLLEY J. Characteristics and procedure of common stock split-ups [J]. Harvard Business Review, 1933, 11(3): 316-326.

[042] EASLEY D, O'HARA M. Order form and information in securities markets [J]. Journal of Finance, 1991, 46(3): 905-928.

[043] EASLEY D, O'HARA M. Price, trade size, and information in securities markets [J]. Journal of Financial Economics, 1987, 19(1): 69-90.

[044] ECONOMIDES N, SCHWARTZ R. Electronic call market trading [J]. Journal of Portfolio Management, 1995, 21(3): 10-18.

[045] ENGLE R F, RUSSELL J R. Analysis of high frequency data [M]. Amsterdam: North Holland, 2005.

[046] FAMA E F, FISHER L, JENSEN M, et al. The adjustment of stock prices to new information [J]. International Economic Review, 1969, 10(1): 1-21.

[047] FAN L, HU B, JIANG C. Pricing and information content of block trades on the Shanghai stock exchange [J]. Pacific-Basin Finance Journal, 2012, 20(3): 378-397.

[048] FLOOD M D. Microstructure theory and foreign exchange market [J]. Federal Reserve Bank of St. Louis Review, 1991, 73(6): 52-70.

[049] FLOOD M, HUISMAN R, KOEDIJK K G, et al. Quote disclosure and price discovery in multiple dealer financial markets [J]. Review of Financial Studies, 1999, 12(1): 27-59.

[050] FONG K, MADHAVAN A, SWAN P L. Upstairs, downstairs: does the upstairs market hurt the downstairs [EB/OL]. [2017-7-20](2004-4-16). http://www.en.affi.asso.fr/uploads/Externe/bf/CTR_FICHIER_110_1226315327.pdf

[051] FOSTER F, VISWANSTHAN S. A theory of the intraday variations in volume, variance and trading costs in securities market [J]. Review of Financial Studies, 1990, 3(4): 593-624.

[052] FOUCAUL T, KADANO, KANDEL E. Limit order book as a market for liquidity [J]. Review of Financial Studies, 2005, 18(4): 1171-1217.

[053] FOUCAULT T. Order flow composition and trading costs in a dynamic limit order market [J]. Journal of Financial Markets, 1999, 2(2): 99-134.

[054] FRANZ D R, RAO R P, TRIPATHY N. Informed trading risk and bid-ask changes around open market stock repurchases in the NASDAQ market [J]. Journal of Financial Research, 1995, 18(3): 311-327.

[055] FRIEDMAN D. How trading institutions affect financial market performance: Some laboratory evidence [J]. Economic Inquiry, 1993, 31(3): 410-435.

[056] FRIEDMAN D. Privileged traders and asset market efficiency: A laboratory study [J]. Journal of Financial and Quantitative Analysis, 1993, 28(4): 515-534.

[057] GARMAN M B. Market microstructure [J]. Journal of Economics, 1976, 3(3): 257-275.

[058] GLOSTEN L R, MILGROM P R. Bid, ask and transaction prices in a specialist market with heterogeneously informed traders [J]. Journal of Financial Economics, 1985, 14(1): 71-100.

[059] GONZALO J, GRANGER C. Estimation of common long-memory component in cointegrated systems [J]. Journal of Business & Economic Statistics, 1995, 13(1): 27-35.

[060] GRIFFITHS M D, SMITH B F, TURNBULL D A S, et al. The costs and determinants of order aggressiveness [J]. Journal of Financial Economies, 2000, 56(1): 65-88.

[061] GROSSMAN S, STIGLITZ J. On the impossibility of information efficient markets [J]. American Economic Review, 1980, 70(3): 393-408.

[062] HAGERTY K, ROGERSON W. Robust trading mechanism [J]. Journal of Economic Theory, 1987, 42(1): 94-107.

[063] HAKANSSON N H, BEJA A, KALE J. On the feasibility of automated maket making by a programmed specialist [J]. Journal of Finance, 1985, 4(1): 1-20.

[064] HANDA P, SCHWARTZ R A. Limit order trading [J]. Journal of Finance, 1996, 51(5): 1835-1860.

[065] HANDA P, SCHWARTZ R, TIWARI A. Quote setting and price formation in an order driven market [J]. Journal of Financial Markets, 2003, 6(4): 461-489.

[066] HANSEN P, LUNDE A. Realized variance and market microstructure noise [J]. Journal of Business & Economic Statistics, 2006, 24(2): 127-161.

[067] HARRIS L, HASBROUCK J. Market vs. limit orders: the superdot evidence on order submission strategy [J]. Journal of Financial and Quantitative Analysis, 1996, 31(2): 213-231.

[068] HARRIS L. A day-end transaction price anomaly [J]. Journal of Financial and Quantitative Analysis, 1989, 24(1): 29-45.

[069] HARRIS L. Liquidity, trading rules and electronic trading systems [C]. New York: Monograph Series in Finance Economics, 1990.

[070] HARRIS L. Minimum price variation, discrete bid-ask spreads and quotation sizes [J]. Review of Financial Studies, 1994, 7(1): 147-178.

[071] HARRIS L. Trading and exchange: market microstructure for practitioners [M]. USA: Oxford University Press, 2002.

[072] HARRIS L. Optimal dynamic order submission strategies in some stylized trading problems [J]. Financial Markets, Institutions & Instruments, 1998, 7(2): 1-76.

[073] HASBROUCK J, SOFIANOS G. The trades of market makers: an empirical analysis of NYSE specialists [J]. Journal of Finance, 1993, 48(5): 1565-1594.

[074] HASBROUCK J. One security, many markets: determining the contributions to price discovery [J]. Journal of Finance, 1995, 50(4): 1157-1201.

[075] HENDERSHOTT T, JONES C M. Island goes dark: transparency, fragmentation, and regulation [J]. The Review of Financial Studies, 2005, 18(3): 743-793.

[076] HILLION P, SUOMINEN M. Deadline effect on an order driven market: an analysis of the last trading minute on the Paris Bourse[R]. Paris: Global Equity Markets conference, 1998.

[077] HO T, STOLL H. Optimal dealer pricing under transactions and return uncertainty [J]. Journal of Financial Economics, 1981, 9(1): 47-73.

[078] HOLDEN C E, SUBRAHMANYAM A. Long-lived private information and imperfect competition [J]. Journal of Finance, 1992, 47(1): 247-270.

[079] HUANG P, SCHELLER-WOLF A, SYCARA K. Design of a multi-unit double auction e-market [J]. Computational Intelligence, 2002, 18(4): 596-617.

[080] HUANG R D, MASULIS R W. Trading activity and stock price volatility: evidence from the London Stock Exchange [J]. Journal of Empirical Finance, 2003, 10(3): 249-269.

[081] JONES C, KAUL G, LIPSON M. Transactions, volume and volatility [J]. Review of Financial Studies, 1994, 7(4): 631-651.

[082] KALAGNANAM J R, DAVENPORT A J, LEE H S. Computational aspects of clearing continuous call double auctions with assignment constraints and indivisible demand [J]. Electronic Commerce Research, 2001, 1(3): 221-238.

[083] KARPOFF J M. A theory of trading volume [J]. Journal of Financial Studies, 1986, 41(5): 1069-1087.

[084] KARPOFF J M. The relation between price changes and trading volume: a survey [J]. Journal of Financial and Quantitative Analysis, 1987, 22(1): 109-126.

[085] KEIM D, MADHAVAN A. The upstairs market for large-block transactions: analysis and measurement of price effects [J]. Review of Financial studies,1996, 9(1): 1-36.

[086] KYLE A S. Continuous auctions and insider trading [J]. Econometrica, 1985, 53(6): 1315-1335.

[087] LAMOUREUX C G, LASTRAPES W D. Heteroscedasticity in stock returns data: volume versus garch effects [J]. Journal of Finance, 1990, 45(1): 221-229.

[088] LIPSON M L. Market microstructure and corporate finance [J]. Journal of Corporate Finance, 2003, 9(4): 377-384.

[089] LIU S L, WHINSTON A B. Double duction and linear programming [J]. Competitive Bidding and Auctions, 2003, (1): 91-129.

[090] LYONS R K. Tests of microstructural hypothesis in the foreign market [J]. Journal of Financial Economics, 1995, 39(2-3): 321-351.

[091] MA T, LIN Y, CHENG S. Transparency, intraday order placement strategy and market performance [C]. 昆明: 中国国际金融年会, 2005.

[092] MACKINLAY A C. Event studies in economics and finance [J]. Journal of Economic Literature, 1997, 35(1): 13-39.

[093] MADHAVAN A, CHENG M. In search of liquidity: block trades in the upstairs and downstairs markets [J]. Review of Financial Studies, 1997, 10(1):175-203.

[094] MADHAVAN A, PANCHAPAGESAN V. Price discovery in auction markets: a look inside the black box [J]. Review of Financial Studies, 2000, 13(3): 627-658.

[095] MADHAVAN A, PORTER D, WEAVER D. Should securities markets be transparent [J]. Journal of Financial Markets, 2005, 8(2): 266-288.

[096] MADHAVAN A, SMIDT S. A bayesian model of intraday specialist pricing [J]. Journal of Financial Economics, 1991, 30(1): 99-134.

[097] MADHAVAN A, SMIDT S. A bayesian model of intraday specialist pricing [J]. Journal of Financial Economics, 1992, 30(1): 99-134.

[098] MADHAVAN A. Security prices and market transparency [J]. Journal of Financial Intermediation, 1996, 5(2): 255-283.

[099] MAHENDRARAJAH N, SUGATA R. Informational linkages between dark and lit trading venues [J]. Journal of Financial Markets, 2013, 17(1): 230-261.

[100] MANASTER S, MANN S C. Life in the pits: competitive market making and inventory control [J]. Review of of Financial Studies, 1996, 9(3): 953-975.

[101] MCAFEE P. A dominant strategy double auction [J]. Journal of Economic Theory, 1992, 56(2): 434-450.

[102] MCINISH T H, WOOD R A. An analysis of intraday patterns in bid-ask spreads for NYSE stocks [J]. Journal of Finance, 1992, 47(2): 753-764.

[103] MYERS J, BAKAY A J. Influence of stock split-ups on market price [J]. Harvard Business Review, 1948, 26(2): 251-255.

[104] NIELSEN B O, SHEPHARD N. Realized power variation and stochastic volatility models [J]. Bernoulli, 2003, 9 (2): 243-265.

[105] O'HARA M, OLDFIELD G. The microeconomics of market making [J]. Journal of Financial and Quantitative Analysis, 1986, 21(3): 361-376.

[106] O'HARA M. Market microstructure theory [M]. Cambridge: Blackwell Publishers, 1995.

[107] OEHLER A, UNSER M. Market transparency and call markets [EB/OL]. [2017-7-20](1998-06-01). https://core.ac.uk/download/pdf/6834044.pdf.

[108] OOMEN R C. Using high frequency stock market index data to calculate, model and forecast realized return variance [EB/OL]. [2017-7-20](2001-05-01). https://papers:ssrn.com/80l3/papers.cfm?abstract_id=26749886

[109] OOMEN R. Properties of bias corrected realized variance in calendar time and business time [J]. Journal of Financial Econometrics, 2005, 3(4): 555-577.

[110] PAGANO M S, SCHWARTZ R A. A closing call's impact on market quality at Euronext Paris [J]. Journal of Financial Economics, 2003, 68(3): 439-484.

[111] PARLOUR C A. Price dynamics in limit order markets [J]. Review of Financial Studies, 1998, 11(4): 789-816.

[112] RADNER R. Rational expectation equilibrium: generic existence and the information revealed by prices [J]. Econometrica, 1979, 47(3): 655-678.

[113] SATTERTHWAITE M, WILLIAMS S. Bilateral trade with the sealed bid k-double auction: existence and efficiency [J]. Journal of Economic Theory, 1989, 48(1): 107-133.

[114] SEPPI D. Block trading and information revelation around quarterly earning announcements [J]. Review of Financial Studies, 1992, 5(2): 281-306.

[115] SEPPI D. Equilibrium block trading and asymmetric information [J]. Journal of Finance, 1990, 45(1): 73-94.

[116] SMITH B F, TURNBULL D A, WHITE R W. Upstairs market for principal and agency trades: analysis of adverse information and price effects [J]. Journal of Finance, 2001, 56(5):1723-1746.

[117] SPIEGEL M, SUBRAHMANYAM A. Informed speculation and hedging in a noncompetitive securities market [J]. Review of Financial Studies, 1992, 5(2): 307-330.

[118] STOCK J H, WATSON M W. A simple estimator of cointegrating vectors in higher order integrated systems [J]. Econometrica, 1993, 61(4): 783-820.

[119] STOLL H R. Market microstructure handbook of economics of finance [M]. North-Holland Press, 2002.

[120] STOLL H R. The supply of dealer services in securities markets [J]. Journal of Finance, 1978, 33(4): 1133-1151.

[121] UI T. Transparency and liquidity in securities markets [EB/OL]. [2017-7-20](1999-11-04). http://www.researchgate.net/publication/255571883.

[122] VICKREY W. Counterspeculation, auctions and competitive sealed tenders [J]. Journal of Finance, 1961, 16(1): 8-37.

[123] WELLS S. Price discovery and the competitiveness of trading systems [R]. Brisbane: The FIBV annual meeting [2017-7-20](2000-10-3).

[124] WILSON R. Incentive efficiency of double auction [J]. Economica, 1985, 53(5): 1101-1115.

[125] WURMAN P R, WALSH W E, WELLMAN M P. Flexible double auction for electronic commerce: theory and implementation [J]. Decision Support Systems, 1998, 24(1): 17-28.

[126] YE M. A Glimpse into the dark: price formation, transaction cost and market share of the crossing network [EB/OL]. [2017-7-20](2010-01-10). http://www.fma.org/NY/Papers/maoye_jobmarketpaper.pdf.

[127] YOON K. The modified vickrey double auction [J]. Journal of Economic Theory, 2001, 101(2): 572-584.

[128] ZHOU B. High-frequency data and volatility in foreign-exchange rates [J]. Journal of Business & Economic Statistics, 1996, 14(1): 45-52.

[129] 安实, 张少军, 高文涛. 基于买卖委托单不平衡的上海A股市场股票收益率与流动性研究[J]. 运筹与管理, 2008, 17 (6): 92-98.

[130] 蔡楠. 流动性对股票收益率影响的实证研究——来自沪市A 股市场的结果[J].内蒙古财经学院学报, 2003, (3): 50-53.

[131] 陈磊, 李平, 廖静池, 许香存. 大宗交易的价格发现功能——来自沪深股市的经验证据[J]. 证券市场导报, 2013, (7): 44-48, 55.

[132] 陈维云, 黄曼慧, 吴永. 深市波动率特征分析 [J]. 重庆大学学报, 2005, 28(1): 93-96.

[133] 陈怡玲, 宋逢明. 中国股市价格变动与交易关系的实证研究 [J]. 管理科学学报, 2000, 3(2): 62-68.

[134] 董锋, 韩立岩. 中国股市透明度提高对市场质量影响的实证分析 [J]. 经济研究, 2006, (5): 87-96.

[135] 房晓怡, 王浣尘. 实际波动率——一种更有效的波动率估计方法 [J]. 技术经济与管理研究, 2003, (2): 40-41.

[136] 何杰. 证券交易制度论[M]. 北京: 经济日报出版社, 2001:200.

[137] 李平, 曾勇. 封闭式与开放式集合竞价机制下的价格发现分析 [J]. 系统工程理论与实践, 2006, 26(2): 10-18.

[138] 李兴绪. 集合竞价市场中证券开盘价格的形成过程研究 [J].经济问题探索, 2002, (6): 51-54.

[139] 林振兴, 屈文洲. 大股东减持定价与择机——基于沪深股市大宗交易的实证研究[J]. 证券市场导报, 2010, (10):71-77.

[140] 刘波, 曾勇, 李平. 基于连续双向拍卖的金融市场微观结构研究综述 [J]. 管理工程学报, 2007, 21(2): 19-28.

[141] 刘海龙, 仲黎明, 吴冲锋. B股向境内开放对A、B股流动性影响的分析 [J]. 系统工程学报, 2002, 17(5): 417-423.

[142] 刘逖, 攀登. 沪市集合竞价交易行为实证研究 [J]. 上证研究, 2002, 1(1): 291-316.

[143] 刘逖, 叶武. 全球大宗交易市场发展趋势及启示 [J]. 证券市场导报, 2009, (12): 11-16.

[144] 刘逖. 市场微观与交易机制设计: 高级指南 [M]. 上海: 上海人民出版社, 2012: 525.

[145] 刘逖. 证券市场微观结构理论与实践 [M]. 上海: 复旦大学出版社, 2002: 327.

[146] 宁向东, 齐险峰. 关于买卖报价价差及其决定因素的实证研究 [J]. 数量经济与技术经济研究, 2002, (6): 107-110.

[147] 欧阳建新. 中国证券市场波动的微观结构研究 [D]. 武汉: 华中科技大学, 2005.

[148] 攀登, 刘逖, 刘海龙, 等. 封闭式集合竞价交易策略模型及对沪市的实证检验 [J].系统工程理论与实践, 2004, 22(1): 1-10.

[149] 屈文洲, 吴世农. 中国股票市场微观结构的特征分析——买卖报价价差模式及影响因素的实证研究 [J]. 经济研究, 2002, (1), 56-63.

[150] 芮萌, 孙彦丛, 王清河.中国股票市场交易量是否包含预测股票收益的信息研究 [J]. 统计研究, 2003, 3(3): 54-59.

[151] 施东晖, 傅浩. 证券市场内幕交易监管: 基于法和金融的研究 [J].上证研究, 2002, 1(1): 247-290.

[152] 陶世隆. 公平披露规则与证券市场透明度 [J]. 管理世界, 2002, (1): 137-138.

[153] 佟孟华, 仲卓. 基于面板数据对中国股市价量关系的实证研究 [J]. 河北经贸大学学报, 2006, 27(5): 7-11.

[154] 万树平.上海股票市场流动性的度量与影响因素实证分析 [J]. 系统工程理论与实践, 2006, 26(2): 1-9.

[155] 王茂斌, 孔东民. 市场透明度与市场效率: 一个基于纯粹限价指令市场的模型 [J]. 金融学季刊, 2007, 3(2): 45-74.

[156] 王艳, 孙琳满, 杨忠直.集合竞价过程中信息揭示的理论分析 [J]. 电子科技大学学报, 2005, 34(6): 861-863.

[157] 吴冲锋, 冯芸, 刘海龙, 等.深圳股票市场流动性研究 [R].深圳:证券交易所研究报告, 2003.

[158] 吴晓求, 许荣, 解志国, 等. 构建以市场透明度为核心的资本市场秩序 [J]. 中国人民大学学报, 2004, (1): 33-41.

[159] 谢赤, 张太原, 曾志坚. 中国股票市场存在流动性溢价吗?——股票市场流动性对预期收益率影响的实证研究[J]. 管理世界, 2007, (11): 36-47.

[160] 徐辉, 廖士光. 交易所大宗交易流动性折价研究——来自沪深交易所的经验证据 [J]. 证券市场导报, 2007, (11): 4-10.

[161] 徐正国, 张世英. 多维高频数据的已实现波动率建模研究 [J]. 系统工程学报, 2006, 21(1): 6-11.

[162] 徐正国, 张世英. 高频时间序列的改进已实现波动率特性与建模 [J]. 系统工程学报, 2005, 20(4): 344-350.

[163] 徐正国, 张世英. 调整已实现波动率与GARCH及SV模型对波动的预测能力比较研究 [J]. 系统工程, 2004, 22(8): 60-63.

[164] 许香存, 曾勇, 李平. 基于社会剩余最大化的集合竞价交易机制研究 [J]. 管理学报, 2009, 6(3): 396-412.

[165] 许香存, 李平, 曾勇. 集合竞价透明度提高对市场流动性的影响[J].管理学报, 2010, 7(1): 396-412.

[166] 许香存, 李平, 曾勇. 交易前透明度、市场深度和交易者构成[J]. 系统管理学报, 2008, 17(3): 273-277.

[167] 许香存, 李平, 曾勇. 收盘集合竞价对市场质量影响的实证研究[J]. 中国金融学, 2009, 6(3): 27-44

[168] 许香存, 李平, 曾勇. 收盘集合竞价透明度增加的效应分析: 基于深圳中小企业板的实证研究[J].管理评论, 2012, 24(6):34-41.

[169] 许香存, 李平, 曾勇. 中国股票市场开放式集合竞价对波动性影响的实证研究[J]. 金融研究, 2007, (7): 151-164.

[170] 杨朝军, 孙培源, 施东晖. 微观结构、市场深度与非对称信息: 对上海股市日内流动性模式的一个解释 [J]. 世界经济, 2002, (11): 53-58.

[171] 杨欣, 王邦宜. 交易量和股价波动性: 对中国市场的实证研究 [J]. 系统工程学报, 2005, 20(5): 530-534.

[172] 曾勇, 李平, 刘波等. 证券市场微观结构研究 [M]. 北京: 科学出版社, 2008.

[173] 张胜记, 刘海龙. 中国股市扩大买卖盘揭示范围的效应分析: 对市场波动性影响的实证研究 [J]. 财贸研究, 2005, (1): 89-93.

[174] 张肖飞. 股市透明度与价格发现效率: 指令不平衡驱动视角[J]. 南方经济, 2012, 30(12): 56-68.

[175] 周开国, 王海港. 指令不均衡与个股收益率的关系: 对 H股的实证分析[J]. 金融研究, 2009, (8): 158-170.